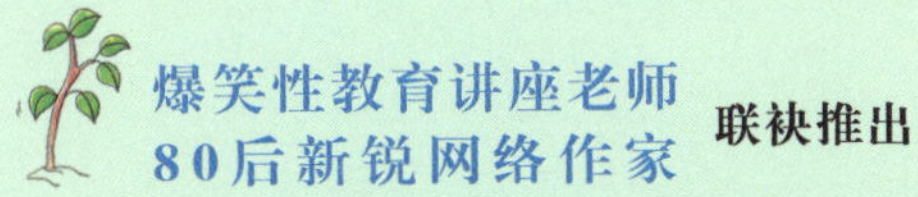

联袂推出

谁的青春没囧事

——解密青春期男生39个困惑

张 超 刘 意 著

中国人口出版社
China Population Publishing House
全国百佳出版单位

引 言

从呱呱坠地的那一刻起，你就被贴上了“男性”的标签！此后，人们开始不断地告诫你：要坚强，不能哭；要爽快，不磨叽；要努力，不懈怠；要拼搏，不后退；要强大，不脆弱；要勇敢，不怯懦；要……不……总之，要男人，不要不男人！就这样，你在这样的“规范”中慢慢地长大……

直到有一天，你开始主动思考有关男人的问题。你开始质疑人们告诉你的“男人的规范”；你开始塑造心目中的“男人的形象”；你开始探寻理想中的“男人的方向”……在这样一个或漫长或短暂，或深入或随意的思考过程中，你可能曾经因为自己与“男人的规范”相符而自豪过；你也可能曾经因为自我的“男人形象”与他人的“男人规范”不符而矛盾过；你更可能因为找不到“男人的方向”而痛苦过……但无论怎样，这是你人生中必经的一个过程，一个现在看似苦涩实则甜美的过程，一个让你从稚嫩走向成熟的过程，一个让你在一把胡子靠回忆打发日子时，还能心动不已的过程，这个过程，有一个美丽的名字，叫做——青春！

每个人都有各自独特的青春，每个人都有权利享受自己的青春，正是因为每个人的青春都不同，青春才如此绚丽多彩。

在这里，我不想说教，因为，说教在青春的魅力面前显得那样苍白无力。在这里，我只想以一个过来人的身份，怀着对青春的敬畏，把我以及我身边的朋友们曾经的困惑与迷茫，轻轻地告诉你——我的兄弟，如果能够对你有所帮助，我会很高兴！权当兄弟之间的闲聊吧。

始终别忘了：我也曾经有过和你一样的青春，我也曾经有过和你一样的思考……

MuLu

目 录

第二章　与激素PK的日子　29

第三章 做男人，自信、气势很重要 75

超哥对你说

乱吃滋补品会让你越来越暴躁

运动场上要有自我保护意识，否则你会成为容易受伤的男人

想用性交来解决压力，很可能背负更大的压力

作为男性，你要尊重女孩，尊重她的心理感受、她的选择

亲密和性行为是两码事

喜欢她，不要因为一时冲动伤害她

享受单恋的感觉也是一种积极的感情发泄

作为男人，你应该具有自我调节的能力

青春期交往的重要方式——竞争对抗

在识人的基础上坦诚交友

第一章

「枪」和「弹」的那些事

QIANG HE DAN DE NAXIESHI

别说自己不是动物

假如在教室里我抓住你问：你是动物吗？你肯定会说：超哥，你有病吧！然后鄙视地瞪我一眼，扬长而去。但是，在我心中，这确实是一个严肃的哲学命题。

作为人类，我们生存最重要的目的是什么呢？你开始抢答："幸福！自我价值的实现！"说得没错，这些都是很对的！但从进化的角度看，从人的自然属性来看，第一需要考虑的问题并不是"幸

福"、"价值"，能够考虑的也是唯一必须考虑的是自身的"生存"和群体的"延续"，作为一个物种，让自己的种群得以生存和繁衍下去，就是他们的天职和使命！他们一代代都在为之努力……我个人认为，回归到我

们自身原始的“生物”状态来理解我们自身的很多本源性问题，对于现代人来说，是很有必要的。

说得简单点，从生物学的角度讲，我们会发现，在整个生物界里，各种生物生存的唯一目的都是繁衍自己的后代，进一步说是为了将自己的生命进一步延续下去。人是动物里最高级的物种，作为生命本身，活着的“自然属性”目的就是生孩子，在专业领域叫生殖。我们这里要讲的，都是和生殖有关的一些事情。

“枪”和“弹”的那些事

前几天，我和爸妈一起看韩剧，有一场戏是男女主角在水里穿得很暴露，身材曲线很明显。本来这种场景在偶像剧里经常出现，但是那天，我突然觉得自己的身体有点不对劲，某个地方胀得难受。向下一看，天哪！我的双腿之间好像支起了“帐篷”。我赶紧跑到厕所查看，我的“小弟弟”竟然直立起来了，就像一把准备发射的“枪”一样，而且还从“枪口”的部位渗出乳白色的液体来，这是怎么了？

这时候，爸爸走了进来。糟了，老爸一定发现我有异样了！没想到他

满脸笑容地说："自从你进入青春期以来，我还一直在想，你发育得是不是正常呢！现在看来……"他往下看了一眼，做了一个西部牛仔射击之后吹枪口的姿势，"枪支性能检验完毕，为优等品！"随之我们爽朗地大笑起来。

超哥酷评

CHAOGE KUPING

男性的生殖系统可以分为三个部分：第一，阴茎，说俗点可以叫"枪"；第二，睾丸，说俗点可以叫做产生"子弹"的地方，也就是产生精子的地方；第三，各种腺体。

首先，我们来看看我们的"枪"。阴茎的基本组成结构是海绵体，这是一个专业名词。

我们的阴茎里有三条海绵体，它们在一般状态下是不充血的，是比较小，又比较软的，这是进化过程中为了自我保护而形成的。要不你想，它要是长期支棱着，也够难受的！如果它支棱起来，说明你受到了刺激。这种刺激主要有两种来源：一个是感官的刺激，另一个是内心的刺激。

所谓"支棱"，专业的术语叫"勃起"，勃起是因为阴茎充血。充血会使三根海绵体硬起来，这是神经调节和体液调节共同作用的结果。有人说不对，我的阴茎老是硬的，那你得去看看医生了，不是你心理上有问题，可能就是你生理上有问题。

其次，来看看我们产生"子弹"的地方，睾丸。这也是一个非常重要的腺体，它会产生雄性激素。雄性激素会促进我们身体的发育，甚至会影响我们的心理状态。睾丸里有非常多的细管，在这些细管中充满了大量的精子。但是，精子就是精液吗？当然不是！精子是由睾丸产生的，而精液，则是依靠了三种腺体：前列腺、尿道球腺和精囊腺，它们的作用是产生精液，精液可以维持精子活性。

Tips

很多青春期男孩会受到生殖器勃起的困扰。其实，这是很正常的现象，是性发育成熟的标志，也是性激素分泌正常的表现。

什么情况下会勃起呢？第一种叫做“精神性勃起”，是由于与“性”相关的视觉、听觉、嗅觉、触觉以及想象带来的刺激作用于阴茎，造成的勃起。另一种为“反射性勃起”，是因为对性器官的直接刺激，比如，抚摸、运动时衣裤引起的摩擦，以及直肠、膀胱受到刺激引起的勃起。

这不是病态，完全没有必要太过注意。只要将精力更多地转移到学习、体育运动和集体生活中，并且养成良好的卫生习惯和穿衣习惯，这种情况自然不会经常出现。

一次射精会产生多少精子

我很早就知道，受孕的过程就是一颗精子遇到了一个卵子。我也知道，男性产生精子的数量远远超过女性产生的卵子数量，然后这些精子就开始进行一场“超级马拉松”比赛，只有最后胜利的一颗精子能获得和卵细胞结合的机会。我特别想知道，男人每次射精，能产生多少精子呢？听说，现在好多人患不育症，是不是他们的精子数量比正常人少呢？

超哥酷评

CHAOGE KUPING

到了青春期，男性的生殖系统不断发育成熟，接近成年。我们的生殖系统在 14 岁就开始发育了，而最终发育到成年的水平是在十七八岁。

正常情况下，一个成熟的男性射精一次，会产生 4~5 毫升精液，而这 4~5 毫升精液中大概有多少精子呢？你可能说“很多”，但“很多”又是多少呢？几千？几万？难道还会更多吗？其实，我当初知道这个答案的时候，真是吓了一大跳，而且一直到现在，每次亲口说出来，还是会对男性旺盛的生命力充满了敬畏！

正确答案是：正常男性每射精一次会产生 2 亿左右的精子！不是百万、不是千万，而是“亿”！虽然根本不可能，但是想想自己其实可能有几亿个孩子，还是挺爽的！

但是，为什么我们的地球到现在还没有因为人口过剩而崩溃呢？因为绝大多数精子在通过阴道、子宫进入到输卵管这个过程中会损失掉。即使你有 2 亿精子，真正能到卵细胞周围的也就是三四个，不会超过 10 个。最后成功和卵子结合的精子，可以说是从几亿选手中脱颖而出的冠军了，这种淘汰率是任何选秀节目难以匹敌的。所以，每个生命的诞生都是了不起的！

Tips

许多因素会导致不育，其中有一个很重要的原因，就是自身的饮食习惯。在我们的饮食里边，很多食物是含有激素的。比如，为了让我们吃的肉鸡快速生长，养鸡场会给它们增加雌性激素。这种激素在身体里过分积累，会直接影响到男性的生殖，影响到你的精子质量！

青春期的男孩子很多号称自己“无肉不欢”，每餐必须有肉，甚至拿肉作为基本的食品。我要提醒，这种饮食习惯有可能对你造成伤害。因此，你必须要把肉、菜、粮食等食物均衡地搭配在一起吃，不要偏食。对于快餐、零食等垃圾食品可以不吃或少吃，因为那里面除了含有激素之外，还有许多其他有害的化学成分。比如，可乐中的磷酸会导致钙的流失，从而增大骨折的概率。以运动为生命的你，可要注意啊！

不要乱吃滋补品

现在中学生的课业压力越来越重，到初三的时候，在我们班开始流行一种新现象，就是吃滋补品。最近，我妈妈也去药店给我买了些滋补的药，说是可以强身健体，让人精力充沛。但是我吃了以后，有时候会觉得全身燥热，很不舒服。这些药是不是有不良反应呢？

超哥酷评

CHAOGE KUPING

其实，滋补类的饮食也有可能对性生理造成一些影响。建议在吃

这类药品、滋补品或食物之前查一查，看它是不是对你的身体有其他不良的影响，说白了，看看它是不是壮阳的。

处于青少年阶段的你其实不需要过分进补，过分进补，对你没有好处。因为在这个阶段，你是在不断生长的，是生命力最旺盛的时候，如果再通过一些滋补品使自己更加旺盛地“生长”，反而可能对你造成不良影响。这个影响有两个层面，不仅是生理层面上的，更重要的是还会影响你的心情，你的情绪会越来越暴躁，这也是激素造成的。

当然，也不是对所有人都这样，如果你身体很虚弱，需要滋补，可以在医生或专业人士的指导下服用，但对于我们大多数人是没有这个必要的。

Tips

其实不吃补药也有很多方法可以补充精力，提高学习质量。比如，合理的运动、健康的饮食、充足的睡眠和劳逸结合的学习方法。我上学那会儿，就是靠运动，非常管用！早上起来到操场跑几圈，中午或者上晚自习之前叫上几个哥们儿打打球，再加上合理健脑的饮食，比如，鸡蛋、鱼类、蔬菜和水果，保管你每天都精力充沛、头脑清醒！

在青春期阶段的男生，不仅绝对不能吃有壮阳效果的药品，对一些有壮阳作用的食物最好也不要多吃，比如，腰子、肉桂、鳗鱼和甲鱼。

超哥语录

乱吃滋补品有可能让你的情绪越来越暴躁。

穿紧身裤有错吗

我特别喜欢穿牛仔裤，尤其是特瘦、裤管特细的那种，上面再穿件皮衣，倍儿像摇滚明星。结果我的明星梦被体育老师无情地终止了。有一次上体育课，我故意穿上了牛仔裤，老师见了之后没理我，但在做动作的时候，却频频点我的名。我跳、我跑、我翻……越做动作我就越后悔，这瘦瘦的裤子让我伸不直腿，弯不下腰……尤其是我的“宝贝蛋”一做动作就感觉被勒得紧紧的，真是太受罪了。可更让我没有面子的事情还在后面呢，正当我做劈腿动作的时候，只听“喀嚓”一声，裤裆分了家，班里女生都哄堂大笑起来，我当时无地自容。

超哥酷评

CHAOGE KUPING

你的体育老师真是用心良苦啊！你想一下，牛仔裤让你显瘦的同时，也会使你的阴囊，即你的睾丸与你身体之间的距离缩短，因为裤裆会把你的睾丸往上顶，无形中就让它靠近了热源，从而使这一部分的温度升高。你想过没有，为什么我们的睾丸不长在身体里边而在外面呢？这就是进化女神的高明之处了，她是为我们的后代着想呢！因为正常情况下，我们的体温大概在36.5℃，而精子产生的最佳温度是三十四五度，所以，男性的阴囊在体外，其实是为了生殖系统的功能运行良好。除此之外，还会有运动带来的牵扯、挤压，那造成的伤害可能更大。

在青春期阶段，穿什么样的衣服最好？穿什么样的内裤最好？我个人觉得，运动服最好。宽松的内裤最好。这样有利于你生殖器官的正常发育。你知道男孩子什么时候是最帅的吗？你在篮球场上挥汗如雨的时候是最帅的！你代表全班拿下一个长跑第一名的时候是最帅的！所有女生都会为你尖叫，所有男生都会对你另眼相看！这是真功夫，比靠衣服“耍帅”来得实在！

Tips

现在，很多同学都爱用笔记本电脑，还把它放到自己的腿上用。这种做法实际上有两个问题：

第一个是辐射。这个辐射可能没多大，但是它离你产生精子的部位太近了，会对精子有影响。

第二个就是射线。我们都学过能量守恒定律，知道这个能量最终不可能消失。它最终会转化成热能，使你的阴囊发热，这和紧身衣裤的摩擦一样，有可能让你的阴部过热，而阴部过热会导致男性生殖功能的损伤。

那要怎么做呢，建议你用电脑时老老实实地把它放在桌子上或其他东西上，必须放膝上的时候，建议垫个东西，比如，公文包或文件夹，达到隔热效果。

传说中的“雄性激素”

在大人眼里我就是一个孩子，我曾经一度也这么认为，但有一天，我却发现，自己原本平静的心湖突然卷起波澜，对“性”特别的敏感，对异性也特别关注，并且有与女孩交往的欲望。这时候我有点迷茫：我是不是变坏了？怎么天天在想不该想的事，而且控制不住自己？

超哥酷评

CHAOGE KUPING

这就变坏了？这是太正常不过的一件事了！这其实源于你体内的

一种变化。与身体外在形态的变化不同，这种变化是看不见的，即体内激素的变化。在青春期，你的体内会产生大量的雄性激素，雄性激素会使你的心理发生一系列变化。在性心理层面，这种变化主要有三方面：第一，追求性知识；第二，追求异性；第三，有性欲望。

对于生物来说，虽然生殖系统是与生俱来的，但是你的体验和经验并不是与生俱来的。所以在青春期发育的过程中，随着生理上的变化，你在心理上就会开始思考如何运用自己的生理功能。在这种情况下，你的第一个需求，就是要获取大量关于“性”的知识。

在这儿我要强调，追求性知识这个目标、这个方向、这个作为，没有任何问题，但是在一些不适当的时候，在没有任何理解的前提下，对黄色的图片、视频进行粗略的模仿，对你是有伤害的！有人说，那我怎么办？老师不告诉我，家长不告诉我，那么我怎么办？我除了上网看一些图片、看一些信息，没有其他办法获得性知识。我也不可能去做一些我们这个年纪不应该做的事情，那出口在哪儿？

Tips

你需要通过正规的渠道获取正常的性知识，只有有了这些知识，你才能够去指导自己去做一些对自己有利的事。获取性知识的第一个来源就是书。有些拗口难懂的专业书籍，比如，课本。你可能看不下去，但是这些知识对你来说是必要的。第二个来源就是成年人，你的父母、你的老师，以及其他能坦诚地解答你这些问题的人。第三个途径是网络。但是你必须要在前面两项的基础上，才有可能去判别、筛选网站上的信息是否准确。

一觉醒来变成“超人”了

我平时特别喜欢看好莱坞的动作片，总希望有一天我能拥有像那些武打明星一样的肌肉。最近，我发现自己好像有肌肉了，胳膊、大腿都比以前粗壮了！原来不能提起来的一桶水，现在能轻松地提起来。以前我跑步非常慢，可是现在，我不用费多大劲就能轻松地赶超很多人。我简直欣喜若狂，觉得精力超级旺盛，好像变成了传说中的超人，精力多得无处发泄！

最近，校篮球队已经邀请我加入了。我现在是个强大的男人了！有什么不能做的呢？说不定将来我会成为体育明星呢！

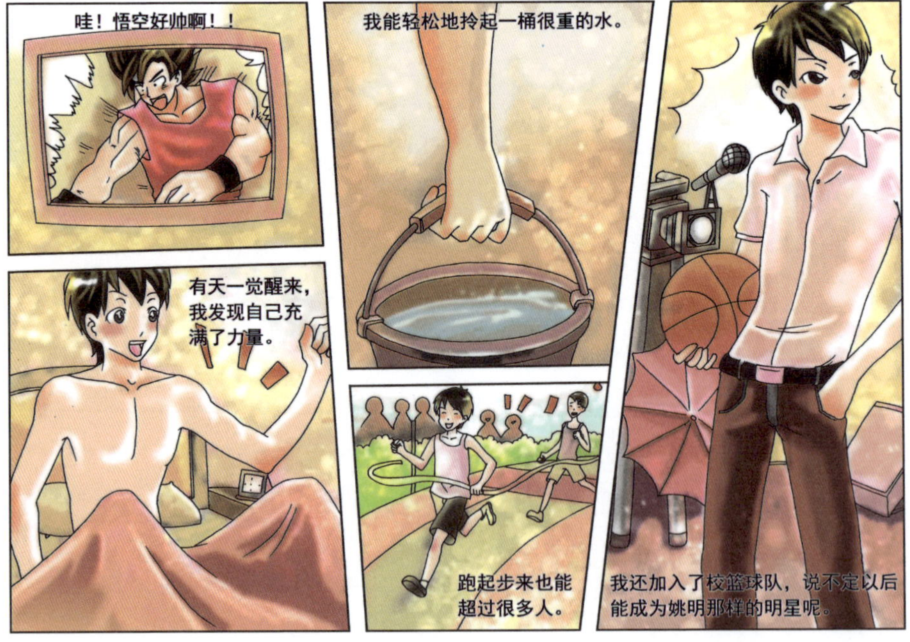

超哥酷评

CHAOGE KUPING

在生殖系统成熟过程中，你身体的一些其他表征也会发生迅速而惊人的变化，这其实也是激素导致的。比如，你的声音会变得更加低沉，体毛会变得更加丰富；肌肉也会比以前增加，变得更壮、更发达，跟刚吃过菠菜的大力水手似的！男孩子到这个阶段就认为自己特了不起，包括我在内，我在青春期的时候，也觉得自己无所不能！

但是我必须要提醒你，在这个阶段，你的肌肉并没有发育到和成年人相似的水平，所以你的各种运动，你的各种所谓的“强大”，需要有所保留，即不能过劲，如果过了劲，会造成一些无法恢复的损伤。男生在这个阶段，往往酷爱运动，同时，也更有可能受到伤害！

你热爱运动的热情是值得肯定的，但是，你不能在没学过相关知识的情况下就匆匆上场。你必须先对运动时需要注意的事项和动作要点做到心里有数，上场比赛时才能保护自己不受损伤。比如，在篮球场上，我们会看到有的男孩是这么防守的：两手张开，两脚叉开，把自己最关键的部位暴露给对方。而很多人是这么上篮的：一只手托着球，另外一条腿抬起来。你可以想象一下，如果这两个动作碰到一起的话，那就可能造成严重的伤害！这是一个意识问题。运动场上你需要有自我保护的意识。

Tips

我建议喜爱运动的男孩，可以多看看国际的专业比赛，向他们学习打球的技巧和自我保护的方法。比如，如果你看 NBA 比赛，你会发现防守的人都是侧着脚蹲下去，把自己最关键的部位保护好。踢足球也是，罚任意球，肯定不会双脚叉开。实际上，这些小的细节都体现了一种自我保护，它有效地防止了运动中的无意识伤害。

在打球过程中，除了有可能对性器官造成伤害以外，还有可能骨折。现在很多男孩子打球的时候，从上面跳下来根本就不管不顾，结果脚崴了或者骨折。而细心的人会发现，真正专业队打球是很难骨折的。为什么？他们实际上是有一整套自我保护措施的。

所以，你在接触一项运动时，一定要先学习一些技巧和防护措施，做到心中有数。

超哥语录

运动场上你需要有自我保护的意识，否则你就会变成容易受伤的男人！

不洗澡也要洗的地方

我们班是理科班，男生特别多。最近，女生总对我们有意见，说中午一进教室，得晕半天，臭死了！我们就告诉她们，这叫“男人味”！我们班有个男生，不修边幅，我们就叫他“犀利哥”。还有一男生更强，据说，有颜色的东西搁他鞋里，一会儿就没色儿了！比硫化氢还管用！

我们男生宿舍有一个口号，叫做打倒洗脸！打倒洗澡！打倒洗头！打倒洗脚！其实我们也不是不爱讲卫生。只是现在学习忙，总觉得洗来洗去的特烦，还浪费时间，有这时间还不如出去打会球呢！

超哥酷评
CHAOGE KUPING

在青春期这个阶段，你由于精力比较旺盛，可能更愿意去做其他有意思的事情，而忽略自己的卫生。先不说脸、手、头和身体的问题，尤其要提醒你和你同学的是，要特别注意性器官的卫生！有的男孩子，从小很注意卫生习惯，洗澡也很勤，甚至每天洗脸、洗头，但是最后，他的性器官却因为不注意日常卫生而感染了。为什么会这样？

就是因为在卫生习惯上，很多人更关注自己身体的其他部分，而很少有人去清洗自己的性器官，比如，阴茎、睾丸。

所以，在洗澡时，必须清洗包皮与海绵体之间的污垢，以免引起感染等问题。清洗时最好用温和的清水，轻柔地洗，洗时应翻开包皮，将里面的污垢清洗干净，但不要乱用洗液和化学药品。这种清洗应该每天进行。

Tips

男生如果包皮过长，会严重影响包皮和龟头之间的清洁，还会引发炎症。那么怎么判断自己是不是包皮过长呢？包皮过长是指包皮盖住了尿道口，只有用手将包皮上翻或阴茎充分勃起时，龟头才能露出。如果你有这类情况，应该去医院进行包皮环切手术。这是一种很小的门诊手术，只需要20分钟，不需住院，但术后需要休息几天，所以最好选在假期。

男人，自我保护很重要

有一个小笑话，就是说，一个大学生非常疲惫地回到了宿舍，宿舍的哥几个就问他说，你怎么了？他说，我今天跑了两个400米，跑了两个100米。人家说那也不至于呀，能累成这样？然后这哥们儿就说了一句话，跑400米叫勃起，跑100米叫射精。跑了两个400米，跑了两个100米，实际就是勃起了两次，射精了两次，所以累成这样。

超哥酷评
CHAOGE KUPING

青少年“纵欲”的危害

这里首先声明一下，对于青少年来说，这里所谓的“纵欲”包含两方面含义：第一，在心理上过多地关注有关性的信息和话题；第二，在生理上过多地进行性行为（如自慰等）。

青少年正处于性生理、性心理的快速发展阶段，尤其是男孩子，到了这个阶段，心理发展就会倾向于关注有关性的信息和话题，但如果在这个阶段过多地关注有关性的信息和话题，对于青少年的心理发展会造成失衡状态，主要表现在：（1）由于过于关注有关性信息，自然会相对忽略其他方面信息的学习和获取（如学业知识、情商的发展等），进而影响到自身全面的发展。（2）在我们社会的成长环境中，过多地关注性信息，青少年自身也会产生很大的心理负担，甚至罪恶感，进而造成严重的心理阴影，有些甚至会因此影响到今后的生活。

从生理的角度上讲，在青春期阶段过多地进行性行为，如自慰行为等，更是会带来多方面的影响。

第一，由于过于频繁的性行为，致使消耗大量精力、体力，严重者会造成精神萎靡，影响生活和学习。除此之外，大量精力、体力的消耗，对于正处于发育期的青少年，甚至有可能影响到其身体发育过程，造成不可挽回的严重后果。

第二，频繁的性行为有可能造成器质性损伤，如生殖器损伤等。

第三，频繁的性行为还会导致机体缺锌，削弱抵抗力。

男性在青春期这个阶段，如果想通过与女性有性交行为来缓解性压力，实际上不是很合理。为什么呢？在这个阶段，除了能量上的损失，你的心理也没有达到能够承受这个压力的程度，所以作为一个过来人，我不建议在过早的时候有这种情况发生。

其实，有很多更健康的方式可以帮你缓解性压力。比如，可以通过充足的体育活动让自己身心得到锻炼，累了倒头就睡，第二天起来精力充沛。另外，和朋友聚会，把自己的一些想法说出去，也可以有一定缓解。这样，你不仅释放了自己的性压力，还使体育技能、人际交往能力得以提高，你会有成就感！

Tips

对于一个男人来说，保护生殖器是十分必要的。

有时候我经常看到男生在一块儿打打闹闹，还动不动就攻击“重要部位”，这就属于无知！要知道，生殖器是男性身上最脆弱的部分，如果你的阴茎海绵体受损，相当于“枪”没了，如果你的睾丸受损，那就等于“子弹”没了。这两样只要有一项受到伤害，都会给你造成终生的遗憾！所以，男生在这方面，一定要谨慎对待。

超哥语录

如果你用性交来解决压力，很可能背负更大的压力。

男人，要为自己的未来负责

生日那天，爸妈带我去一个刚开业的KTV庆祝生日，那里的饮料免费续杯，真是太痛快了。不过一会儿，我就扔下麦克风，往厕所奔去。我听见老爸在后面大声喊："上大号别直接坐马桶上！"我说："我上小号。"回来以后，我问爸爸："为什么不能直接坐马桶？"爸爸说："有些性病就是通过坐便器间接传播的。这里是公共场所，不知道卫生不卫生，所以不要用。"真奇怪，性病不是只通过性行为传播的吗？

其实关于性病，我知道得很少，只知道避孕套能防性病。在我们宿

舍里，高年级的学长有时候会讨论关于性爱和避孕的话题。我听他们说，有人使用避孕套不是一次性，用完了以后还用。还有人说，只要阴茎没进入阴道，在体外射精，就不会怀孕。他们说得对吗？

超哥酷评

CHAOGE KUPING

你的高年级学长这两种说法都是错误的。首先，避孕套反复使用肯定不行！反复使用：第一，存在卫生问题。第二，就可能真的不避孕了！所以，避孕套必须是一次性使用的，现在市面上的避孕套全都是一次性的。

关于“体外射精”，我必须要说：一样有怀孕的风险！

避孕有两种类型：一种是物理避孕，就是使避孕套；另一种是化学避孕，即吃避孕药。避孕套实际上是套在男性阴茎上面，避孕药是女性吃的。作为一个男人，我建议你使用避孕套。

有人说你是不是男人？你怎么不向着男人说话呢？让女性吃避孕药完了呗！

吃避孕药会对女性造成更严重的伤害。最简单地说，避孕药会使女性体内的激素紊乱，对身体很不好。如果你只考虑自己，而让别人吃避孕药，你太自私了！你作为一个男人就不够格！所以我的建议是——物理避孕，使用避孕套。但这并不表明我鼓励你们可以发生性行为，如果你们控制不了自己而发生了性关系，就要采取避孕措施——使用避孕套。

关于性病，全名为性传播疾病，是指以性接触为主要传播方式的疾病。国际上将20多种通过性行为或类似性行为引起的感染列入性病范畴。我国将梅毒、淋病、生殖器疱疹、尖锐湿疣、软下疳、非淋菌性尿道炎、性病性淋巴肉芽肿和艾滋病8种性病列为我国重点防治的性病。通常性病的传播途径有：直接性接触传染；间接性接触传

染，如接触性病患者穿过、用过的衣物、用具、便盆、游泳池、纸币等；胎盘产道感染；医源性传播等。

小测试

你了解的性病传播途径有哪些？

A. 与别人共用毛巾或洗澡用品

B. 使用公共澡堂的浴盆

C. 与别人共用一次性针头

D. 在不可靠的小诊所注射、拔牙、针灸、做手术

E. 用不卫生的器械穿耳洞、文身、美容

F. 与人共用剃须刀、牙刷

以上这些因素都有可能导致性病，性疾病会对你造成终身的影响，对你的家庭造成严重的伤害，甚至对你的后代都会有影响，当然也有可能就没有后代了。因此，为了你的将来，男人必须对这个问题引起足够的重视。

第二章

与激素PK的日子

YU JI SU PK DE RI ZI

激素，让人想入非非

说不清楚从什么时候开始，我对“性”有了极强的“兴趣”，好像随时随地可以想到它。我一再克制，但没有效果。看到漂亮的女生，看到一些画报，我会胡思乱想；甚至很多时候就是什么都不看，我也会……如果仅仅如此也还好办，我是说，我发现我的性欲很强……我都不知道该怎样说了。

这么说吧，我时常会有想试一试的冲动，还会想：我都 18 岁了，我行吗？越这样想就越想做这件事。我看过大人们所说的“黄色”的东西，

网上的、影碟里的，高中男生有不少人都看过这些“带色”东西。让我郁闷的是：每晚临睡前，我眼前老是出现这样的画面，让我不得安宁。我曾经不止一次地想过：要不，就找个小姐试试？您怎样看我？把我看成是流氓、恶棍，还是……

超哥酷评

CHAOGE KUPING

首先，在我眼里你不是流氓、恶棍，而是一个正常的青春期的男生，你丝毫不必感到内疚或自责。

你的这种变化是由生理决定的。青春期阶段，雄性激素水平会大幅提升，带来的直接后果就是性欲望的产生。我们可以把性欲望简单地分为三个阶段：

第一个阶段，想姑娘。这是最基础的性欲望，也就是你对异性有感觉了，开始懵懵懂懂想去跟异性接触，比如，与她说话、偷偷地看她一眼。

第二个阶段，你开始有自己的“行动”。注意啊，我说这个自己的“行动”在专业上叫自慰，即通过自己抚弄自己的性器官使自己射精，从而获得快感的过程。

第三个阶段，你开始有行动，去追求异性，并且获得异性的性体验，这个性体验不一定是性交，即与异性亲密接触，包括拥抱、接吻等。其实在这个过程中，你的欲望就已经转化成现实了，这一系列的想法，在青春期都可能产生，你没必要有负罪感，而是要积极地去面对！你是人，你有强大的心灵！你有理智和自控能力，而它只是生理现象。

当你的性压力过大时，适当给自己增加一些体育活动是最好的方法，总之，尽可能让自己的课余生活充实起来。

Tips

人们总说“一滴精十滴血”，其实这是一个误区，精液中除了有很少的蛋白质外，绝大部分是水和腺体的分泌物。

你可以想象一下，3个月就要成熟一批精子，你长期不把自己的精子排放出来，长时间地压制自己的性欲望，对你的身体，尤其是对你的生殖系统，伤害是非常严重的！所以，遗精和手淫都是有利于缓解性紧张、恢复生理平衡的。

但必须强调的是，手淫不能过于频繁，如果手淫后身体或心理有疲惫感，就证明你频繁了，需要调整。手淫的技巧也需要注意，要尽量轻柔地对待自己的性器官，如果轻柔地抚摸皮肤能够解决性压力，就不要抚弄自己的性器官；抚弄自己的性器官即能解决，就不要射精。

学会用心去呵护一份感情

最近我像着了魔一样，对性特别敏感。对自己的发育和异性的发育很好奇，急切地想了解性知识，还想看看裸体女人是什么样。几天前，我拨通了一个信息台的电话，和那里的小姐聊天。我知道这很可耻，但是控制不住。现在一有空，总想去打那个电话。还有，我怀疑自己的生殖器可能有问题，我不知道它的发育是否正常。

我们班里有一名女生，身材苗条、胸部丰满，很漂亮。我经常注意她，甚至想和她发生性关系。现在，我很痛苦，这是不是心理扭曲？真是无法摆脱！

超哥酷评

CHAOGE KUPING

你在青春期阶段一定会有与异性交往的欲望。如果这让你很痛苦，天天被罪恶感折磨，那不如坦诚地说出来，向那个你喜欢的女孩子表白。

但我必须指出的是，在这个阶段，女生的心理变化和你并不一样！女生虽然也可能有一些性欲望和性需求，但是不强烈，并不像男生这么明显！

女生在青春期阶段，心理上最大的需求是情感需求，比如，你多跟她聊天，多关心她，让她有更多的朋友的圈子，这些都会让她产生一种满足感。在这里要提个醒，如果你有女朋友，并且希望能够跟她有更亲密接触，那么你作为男性，一定要尊重女孩！尊重她的心理感受，尊重她的选择，不要完全用你的想法去控制女孩，这样做是自讨无趣！

超哥语录

一份纯洁的感情是需要用心呵护的，而不是用性培植的，如果表白成功，你就好好享受情感碰撞带来的喜悦和幸福！但在中学这个阶段，我是坚决反对性行为的。我认为如果你不是为了感情，而只是为了性，那就太让人瞧不起了。

恋爱VS巨大的课业压力

在我周围的同学当中，有很多交女朋友的。几乎每班都有所谓的“班对”，他们当中有些人发生过性关系，至少比大人们想象得多。这些事有个共同点，发生在高中的居多，而且高三最多。作为同龄人，我了解他们的心理：高三没日没夜地学，没有了平时的活动，大家的心里感到空虚，特别希望有人为自己分担一些。老师、家长只是给我们加压。一方面是为了放松，另一方面是对性的渴望，只要具备了发生关系的环境，冲动是很难克制的。

我劝过好朋友不要发生性关系，但很徒劳，只能告诉他们采取安全措施。发生这样的事，不能告诉家长，不能让家长为我们担心；当然不能告诉学校，让学校知道的后果是——除名！

超哥酷评

CHAOGE KUPING

在学习压力比较重的毕业班里，谈恋爱是一个比较普遍的现象。面对这件事情的态度很重要，你如果处理得好，这会是一段十分美好的青春回忆，如果处理不好，也会给你带来一生无法抹平的伤痕！

在青春期阶段，很多时候，其实你需要的只是一种非常亲密的关系。大家会觉得亲密就是谈恋爱。那么谈恋爱过程中怎么表示亲密呢？太简单了，那就是性行为呗！注意，不是！亲密和性行为是两码事！

真正的亲密是什么？真正的亲密是彼此能够坦诚地表露真实的自我、真实的感受、真实的想法，这叫亲密！为什么能够坦诚表露？因为你表露出来以后，不会因此遭到对方的讥笑和拒绝，这是亲密的判断标准，就是我说什么话都可以，也都敢跟你说，因为我知道在你这儿我能够不被骂，我能够得到慰藉。我能因为这段关系变得更强大，敢于面对更多的挑战，而这些都不是简单的性行为能够获得的。

性行为是不是亲密性行为？是亲密，确实是，但是，不只是性行为才能表达亲密。这种言语上的相互信任本身就是一种亲密。说白了，我们认为的亲密应该是这样的信任和安全感，被了解和接纳。

有个孩子来跟我聊这个问题，他问：超哥你说，什么是爱？我说爱就应该是信任，爱就应该是坦诚，爱就应该是美好。然后学生说，什么呀？爱就是性！我觉得很多孩子有这样的理解。但注意，爱不单纯指性，我可以负责任地说这句话。亲密包括性行为的同时，还远远超过性行为！

为什么说超过性行为？在高中这个阶段，你亲密的感情层面是可以代替性行为的，然而性行为绝不可能替代感情上的信任。所以，我在这里才说，这里关注的亲密是指情感上的，实际上我也希望，或者说提醒你，应该更多地从情感这个角度上去思考问题。

超哥寄语

其实在我看来，如果单纯是因为学习压力而谈恋爱，完全没必要！因为，你没把异性亲密交往当一件美好的事情，而仅仅是作为一个填充物，那不叫爱情，那叫玩！这个问题完全可以通过其他途径的丰富生活搞定，没有必要拿异性的亲密交往做一个交易，做一个补充，做一个填空。没意义！

Tips

你需要的只是一种非常亲密的关系。但亲密和性行为是两码事！学会从情感的角度去思考问题！

跟她提"性要求"，你注定"杯具"了

班里有个女生很喜欢我，我们只是一块儿出去玩，拉拉手，有时轻轻拥抱一会儿。直到高二以前，我都没有亲过她。我觉得这不算过分，也不影响学习；她说，她只想要一个像大哥哥的人照顾并爱护她，我们相处得很好。

后来，我在网上看了一些"不干净"的东西，也自己买了碟。从此，我的意志力迅速降到零点，脑子里全是这事儿，我打起了她的主意。有一

天下午不上课，我去了她家，她说她想睡会儿觉，就躺下了。我坐在她旁边玩电脑，这时一些不健康的东西进入了我的脑海。我看着看着，实在忍不住了，我们就做了不该做的事。

那时，我的脑海中充满对性的渴望与迷惑，我伤了一颗纯洁少女的心。那时候，她只是哭个不停，我也流下了眼泪……

超哥酷评

CHAOGE KUPING

异性的亲密交往本来是件美好的事，但如果你非要在这个阶段跟她提性要求，最后你可能真的就要“杯具”了！

在这个过程中会有两种可能性：

第一种情况：女孩同意了，并且你们发生了性关系。

那么，你们的行为有可能导致你们有了下一代，请问你能不能负得起这个责任？

如果不能，你从心理上、生活状态上可能就一下变成了另一种状态，这对你的影响不是用语言可以描述的！试想一下，如果在高中阶段就有了孩子，女孩势必得做人工流产，因为你们根本无法承担建立一个家庭、养育后代的责任，更何况法律也不允许。人工流产后，即使你们两个人原来的感情再好，最终的结果可能就是由于各种原因，包括害怕在内，分开了！这不仅没让你们在生理、心理方面得到任何满足，反过来却给你们带来了一种非常严重的伤害。

第二种情况：女孩不同意。

如果女孩拒绝，那么她做得非常好，也就是说她分得清楚什么事情是现在应该做的，什么事情是现在不应该做的，她的需求是什么。也就是说，女孩已经正视了自己的心理变化，正视的很好，知道你的需求和她的需求是不一样的，她可以拒绝，并且真的拒绝。遭到这样拒绝以后，作为号称很强大的一个男性，你又会是什么样的心理状态？不舒服是一定的，而且还极有可能导致你们分手，更为严重的是给你造成了心理阴影。

超哥语录

每次听到少男少女们发生性关系后既后悔又着急，不知如何是好时，我都特别难过。对于这个问题，我的观点：中学生绝对不能发生性关系！这件事无论是对于男孩还是对于女孩的伤害都是巨大的。

首先，身体层面的伤害。正处于发育时期的你们，两性的性行为会比较容易造成你们生殖器的伤害。性行为是一种正常的生活需求，像走路、吃饭一样的正常，但不要忘记，走路、吃饭是你们经过了儿时比较长时间的一段练习才熟练掌握的，所以，两性的性行为也需要准备和练习，如遗精、适度自慰等都是正常的练习过程。

其次，心理上的伤害。我们的性文化是比较含蓄的，很多在心理储备不够完善的情况下发生性行为的少男少女会背负很重的心理负担，这种负担甚至对于有些人来说会带来一生的阴影。

我想对所有男孩说：你既然喜欢她，就不应该为了自己一时冲动去伤害她。为了永远保持这份感情的美好，也为了你们的未来！

慎重对待性向选择

在我刚进入青春期的时候，就开始追求女性化的打扮，开始留长头发、扎耳洞，甚至指人都是兰花指。父母看了就讽刺、挖苦、数落我："一个男孩子也这样，你不是变态吗？你说以后还怎么过日子啊！"

其实开始我也挺想改变的，我想要努力使自己变得像个男生的样子。但是父母越这么说，我就越想反叛，不改！坚决不改！我就这样了，你能把我怎么着？到最后，我觉得自己真是应该改了，但是我突然发现，我已经改变不了了。难道我这一辈子都是"娘娘腔"了吗？

超哥酷评

CHAOGE KUPING

从性别的角度上去讲，其实每一个人都是有双重性的，有女生的细腻，有男生的豁达，这是正常的！在成长过程中，很多男性可能会追求一些新奇的东西，比如，留披肩发、扎耳洞、戴耳环，穿上相对更女性化的衣服，进行比较女性化的装扮。这在青春期阶段其实完全是正常的，这是你的一种探索行为。

因为只有在探索的过程中，你才能逐渐规范自己，然后形成最后的追求。比如，尝试过女性的装扮之后，你可能又会进行另外一种尝试，比如，重金属派的，剃光头、T字头、鸡冠头，然后再弄一些更怪异的服饰，这都是正常的现象，没有必要觉得自己心理扭曲。

有人会问，如果这些都是正常的，我是不是可以继续放任下去呢？我要强调，你需要正视自己的心理变化！比如，把自己当成异性的这种感觉，或者喜欢同性这件事，这确实是你的探索行为，但是不是真的是你的追求？你必须想清楚！因为只有自己想清楚才不会受到别人的干扰。

你的父母在这件事的处理上是有问题的，他们不但没有给你合理化的建议，却对你进行讽刺、挖苦，使你产生逆反心理。但是，你也因为叛逆而影响了自己的正确判断，最后的结果是害了自己。如果你说，我一开始就想变成女性，那没问题！这是你自己的选择，我们尊重所有人的选择。但是如果你最初的目标不是，而你最后又走到另一个方向，那你自己应该负主要责任。

在青春期阶段，男生必须正视自身性心理的变化，不管出现什么样的状况，追求异性、有性欲望，包括对性知识的渴求、对性别的探索这一系列的心理变化，都需要正确地对待和自己的思考，这是对自己负责的一种表现。

我难道是个“双性恋”

我明年6月就该参加高考了，可有件事让我整个暑假几乎天天睡不着。我有一个初中时和我一个班的同学，是个男生，就叫他A吧。高一时，我们常常在一起打游戏、听摇滚乐，有时我还住他家，我们很聊得来。在学校，我们就一起学习，我替他补习物理，他帮我补习生物……

说实话，我挺喜欢他的，甚至想永远和他在一起。所以，我开始怀疑自己的性取向，我怀疑自己是个双性恋者，我既可以把感情给女生，也可以把一份掺杂了很多“爱情”成分的友情给一个男生。

我查阅了这方面书籍，肯定了我真的是双性恋！但我无法承担这一切，因为一方面伦理道德不允许，另一方面我虽然很喜欢他，但他是一个正常的男孩，我想把这一切和他说开，但我不能，因为我不想伤害他。现在，我只能自己忍受这巨大的痛苦。我今后的路该怎么走下去？

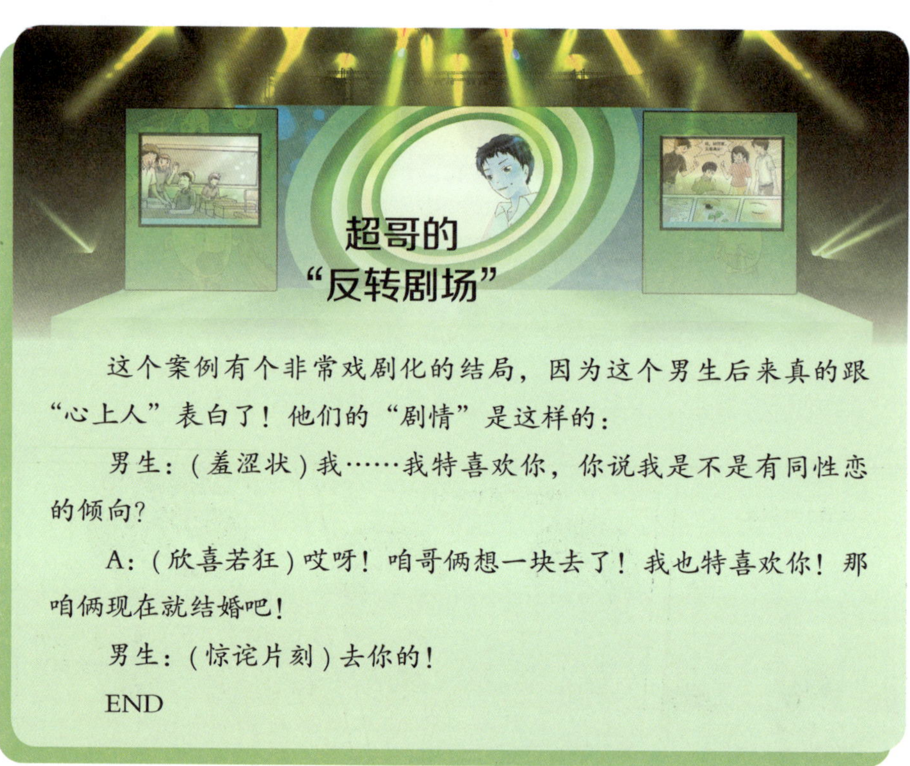

超哥的“反转剧场”

这个案例有个非常戏剧化的结局，因为这个男生后来真的跟“心上人”表白了！他们的“剧情”是这样的：

男生：（羞涩状）我……我特喜欢你，你说我是不是有同性恋的倾向？

A：（欣喜若狂）哎呀！咱哥俩想一块去了！我也特喜欢你！那咱俩现在就结婚吧！

男生：（惊诧片刻）去你的！

END

超哥酷评

CHAOGE KUPING

其实你不必去图书馆查书确认双性恋问题。我可以很明确地说，如果从这种取向上讲，所有人都是双性恋！可能很多时候我们把这个“恋”字提得不是很明确。你想想，在这个社会当中，你有没有同性朋友？而交朋友的前提是什么？是付出感情！付出感情就是“恋”吗？“掺杂了很多成分的友情”可能包括好感、依赖，甚至占有欲，这都可能在同性间产生。

现在的青少年在这方面获取的信息太多了，难免就想往自己身上套一套，其实也是种好奇。据调查，对这个问题有思考的青少年占到95% ~ 97%，但是真正拿这事太上心的比例并不高。往往他遇到这事时，想一下，我是不是同性恋，就过去了。到真正成人以后，就想都懒得想了。总之，不要把这件事太上心，不要把简单问题复杂化。

丝袜，只有女人能穿吗

我现在对丝袜的兴趣越来越强烈，这还得从我上初二时说起。那次，我和妈妈坐飞机去国外旅游，我看到空姐都穿着裙子，光洁修长的双腿上什么也没有。我就问妈妈，她们为什么不穿袜子，妈妈说她们穿的是透明的连裤袜。从此，我就莫名其妙地喜欢上了丝袜。

有时候我会趁妈妈不在家，偷偷翻出妈妈的丝袜，一双一双地试穿。后来，就自己买了一些，每天都把它们穿在裤子里，而且时刻也离不开，一年四季不论上课还是实习都是如此。我自己也很烦恼，我听人说恋袜

癖就是这样。但我从没幻想过自己是女性，也从来没借此发泄性欲。有时候我也觉得这很正常，因为我总觉得，丝袜未必只是专为女人设计的，男人就不可以穿吗？

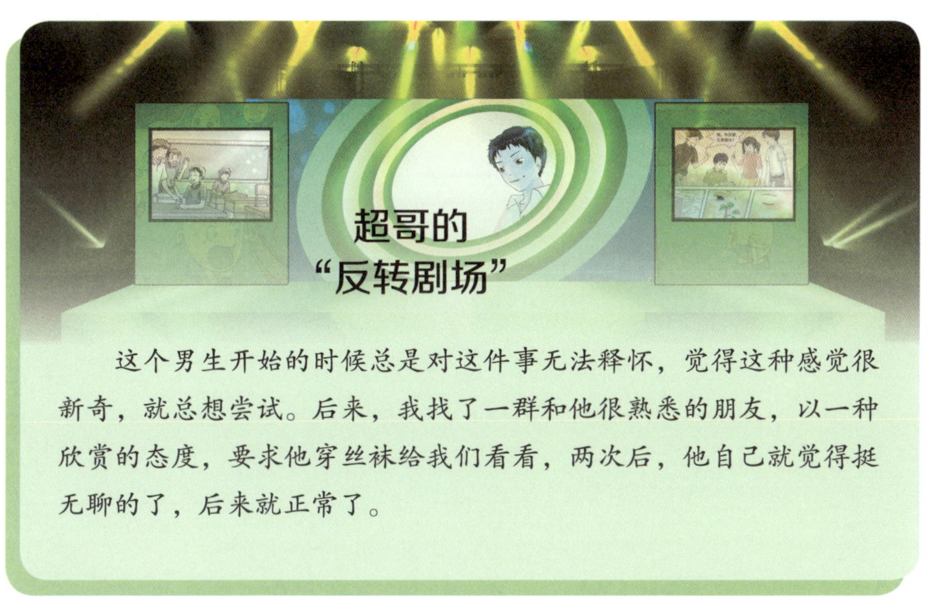

这个男生开始的时候总是对这件事无法释怀，觉得这种感觉很新奇，就总想尝试。后来，我找了一群和他很熟悉的朋友，以一种欣赏的态度，要求他穿丝袜给我们看看，两次后，他自己就觉得挺无聊的了，后来就正常了。

超哥酷评

CHAOGE KUPING

这个问题的根源在于我们从小的教育。我们从小的教育就对男女有着严格的界限，男孩子不能用女孩子的东西，女孩子不能用男孩子的东西，因此，这种对异性物品的好奇或者叫做猎奇心理从小就埋下了！长大后，由于某些事情的刺激，就会被激发出来。

到了青春期，你有独立的自我意识了，可能就会去思考一些以前从未思考过的问题：为什么男人就要穿西服和裤子？为什么女人就要穿裙子和丝袜？为什么女人也可以穿西服和裤子？为什么男人就不能

穿裙子和丝袜？苏格兰男人穿裙子，为什么我们就不行？这些问题都有可能出现在你的脑子里。

最好的处理方法就是不要过于在意别人的看法，否则对自己的压抑就会越深，最后可能真的会有心理疾病了。这种事情就是越在意越不能自拔。

不是爱情的“爱情”

我和班上的一位女生关系很好，逐渐地，我发现自己喜欢上她了，我相信这就是爱。我感觉自己无时无刻不在想她，做梦也经常梦见她。只要一天见不到她，我就会觉得很难过，我不断憧憬着我和她的未来。我觉得高中三年的紧张生活，只有她在我的身边，我才有勇气面对。

我曾经向她表白过，希望她能做我的女友，一直相爱下去。但是，她并没有告诉我她的感觉。我很沮丧！我们之间很纯洁，没有一点越轨的行为，我连她的手都没拉过，只是和她一起上学、一起回家。

许多人说，中学生早恋是不好的，会影响学习，但我不能控制我对她的感情，所以我很犹豫。我该怎么做呢？

超哥酷评

CHAOGE KUPING

很多人会觉得中学生没爱情，但是我觉得其实中学生是有爱情的。成人有成人的爱情，中学生有中学生的“爱情”，甚至更小的孩子也是有“爱情”的，但是各个阶段爱情的界定和目的性可能不太一样。比如，成年人的爱情，基本是以最终结果为目的，而中学生这个阶段的爱情，可能仅仅就是一种感情上的东西，但是你不能否认它是爱情的一个部分。包括幼儿园的小女孩和小男孩之间，其实我们也可以从爱情的角度理解。

爱情起源于什么？起源于喜欢。所以为什么我说所有人都有爱情？因为所有人都是从喜欢的角度起源的，从我们很小的时候，一直到青春期，到我们长大成人，再到我们变成老年人，都是由这种从喜欢、熟悉，到有感觉，然后到我们认为的爱情。所以对任何年龄段，任何程度的爱情，我们都要尊重！

超哥语录

你没有必要拿这一阶段的爱情和成年人的爱情去比，你们现在有感情，将来就一定结婚吗？不是没可能，但是没人能真正预测未来。所以我觉得，你不要去想什么结果，享受你们这段非常美好、非常纯洁的感情就可以了，当你能够用一种欣赏和尊重的眼光看待这份感情的时候，我相信这段美好的感情会是你人生中一道非常亮丽的风景。

单恋，也是一种享受

我喜欢的那个邻班同学多少使我分散了一些精力。前几个星期的周五放学，我骑车跟在她后面，这样我知道了她的住址。从此，我天天都看着她进楼门口，我才回家。当然，我要比以往多花 40 分钟时间，但那是我最幸福的时刻。

一次期末考试，数学题非常难，做到最后，我已经头昏脑涨了，可是还有一道 15 分的大题没做呢。正当我的脑子里一团乱麻，没有思路的时候，我想起了她，她微笑的面容使我忘记了身边的一切，就像刚吃了

一粒薄荷糖一样，清爽极了，结果我顺利地做出了那道题。她真是我的幸运女神！

现在，我该怎么对待这位邻班女生呢？和她相识，然后表露我的心声好吗？我觉得她是我的精神寄托，她不会影响我的学习，反而让我觉得更有动力学习了。

超哥酷评

CHAOGE KUPING

说到单恋，很多人可能觉得挺辛酸的，就是你剃头担子一头热，那么执著地喜欢某一个人，却不敢说出来，也得不到人家的回应，这不是徒劳无功吗？其实，当事人未必这么想，他也有可能是甜蜜的！

你在自己的内心深处寄托着一份感情，而没有表达出去，是因为什么？原因太多了，比如，自己的性格、自信的问题，但也有可能你仅仅是享受单恋，其实就是享受这个“追求一个遥不可及的目标”的感觉，他甚至也愿意“享受”这个过程中的煎熬！

我遇到过这样的孩子，他问我：“超哥我喜欢一个女孩子，我怎么办？”我说：“太简单了，说吧，表达出来就行了。”他说：“不行！”我说：“为什么不说出来，你不敢吗？”他说：“也不是不敢，我就是觉得，我如果说了，就破坏了一种感觉。如果我说出来以后，她真的答应了我，我们变成男女朋友，我反倒觉得没意思了！她对我来说是一种美好的向往。”

换句话说，他其实在享受单恋这种感觉，这实际上也是一种积极的感情发泄。

当然，如果从根源的角度上去分析，和现在这一代孩子们的心理状态是有关系的。因为，在你们看来，许多东西都能轻而易举地获得，比如，好吃的食物、好看的衣服……所以，这种难以获得的东西对你来说是一种信念。在这种心态下，单恋就很容易产生，并且你并不一定希望这种感情一定要获得什么。对于那个结果，你可能恰恰是抗拒的。

超哥语录

享受单恋的感觉也是一种积极的感情发泄。

建议有这种情形的男生，要好好分析自己的感情。如果你只是在享受单恋的感觉，那么最好不要说出来，就让这份“崇拜”和“向往”一直埋藏在你的心底，继续给你前进的动力！

有许多男孩会想：如果我现在不表白，我喜欢的女孩被别人追走了怎么办，那我不是要后悔死了？但是我觉得，在青春期的时候痛苦也是一种享受。你没追上的话是一种痛苦，但你现在觉得是痛苦，多年以后反过来想，其实你会觉得有一种幸福感，一定会的。

等你变得成熟了，有足够的能力和人格魅力的时候，你大可以放开胆子追求她，向她表白。就算她还是拒绝，至少你努力过了，没有留下遗憾。你就带着一个美好的回忆，继续过好你自己的日子！这才是一个男人处理事情的方法！

我感到自己很寂寞

我现在高三了，前一段时间我认识了一个女孩，相同的个性，拉近了我们的距离。善良的她，温暖着一个空虚的灵魂。我发现自己原来真的很孤单，远远没有自己想象中的坚强，我也需要有人在身边陪伴。

我们有很多相同点，很多的问题都能达成共识。我怕她会被别人抢走，所以，我用短信的方式向她表白了。果然不出我所料，她拒绝了我。她的短信是这样写的："咱们的友情是纯洁的，你我彼此并不太了解，你的话太欠考虑了。"这些话很是让我伤心，但在伤心的同时我又看到了她

的又一个优点——成熟。我在回短信时说："我不会再让你失望的，相信我！"

现在，我很担心哪件事做错了，一下子就……我举个不太恰当的例子吧！她就像是我手中的杯子，不小心掉到地上就会碎掉的。杯子碎了可以再买一个，可要是心碎了又到哪儿去买呢？

超哥酷评

CHAOGE KUPING

我个人觉得你不太清楚自己在干什么。你可能只是寂寞。而且，你其实没有尊重这个女孩子，你所有的说法、想法全是从自己的角度考虑的。反过来我觉得女孩子做得挺好，在这种交往过程中，女孩子告诉了你她真实的想法，这样的话，你在这个基础上就可以思考下一步干什么。

我的建议，下一步就是让自己自信点！其实说白了，最主要问题就是，你天天诚惶诚恐地怕失去这个女孩子，对她的一言一行都很关注，这些都表现出你不够自信，这个女孩应该也感觉到了这一点，所以她果断地回绝了你。你太不自信，你现在把自己的生活、希望几乎全放在女孩子身上，你没有觉得自己有能力支配自己的生活，没有意识到自己作为一个男人、一个独立的人可以做的事情。

所以，我个人觉得，你应先跳出这个圈子，让自己在情感上面、信心上面更加丰富、强大起来，你反过来再看这个问题的时候，就不会惧怕失去，也不会去附庸女孩。甚至你可以用自己的自信、自己的魅力、自己的气势感染这个女孩，最后让这个女孩成为你很好的朋友，甚至成年以后有结果，都是可能的。但是，如果你这样不自信下去，彻底没希望！

当你没办法给自己快乐的时候，就不要期待别人给你快乐；当你无法自己消除寂寞的时候，不要期待别人会帮你消除寂寞！当你过不好自己的日子的时候，不要试图从爱情中得到慰藉，因为没人会爱一个连自己都摆不平的男人！人家会觉得：你自己还过不好日子呢，就更别提保护我了！所有聪明的女孩都会想甩掉你。而当你的内心真正强大起来，有能力处理好自己的一切，并且有足够自信的时候，女孩自然会以新的眼光来看待你。

Tips

把自己的生活、希望全放在女孩子身上，说明你没有能力支配自己的生活，也没有意识到自己作为一个男人的责任。

我爱上了女老师

我们的英语老师是位刚刚走出大学校门的女孩，她的性格很外向。我想，她这么年轻一定能够理解我，一定比班主任好沟通，所以，就向她说出了我的一些烦恼。她果然能理解我，并且还教我如何把这些事处理好，这使我很高兴。我对她的印象就是——活泼开朗、十分漂亮。她一点也不像老师，我渐渐喜欢上她了。从此，我经常拿着课本去找她，不应该说是找老师，应该说是去找“女朋友”。

不过，我还算清醒，知道我们不大有可能相爱。她也不可能做我的

女朋友，好像也不是完全不可能，是吧！但我怕陷得太深，到时候又拔不出来。我想，以后和她聊天时要渗透一些爱意，我想她会察觉得到，即使她拒绝了我，我也会很高兴，因为我对她表白了。

我一定要这么做，除非她能给我一个完美的、不是那些说了千次万次的大道理，而是我认为可以阻止我做这件事的理由。

超哥酷评

CHAOGE KUPING

这种行为通常被称为长者恋。这在青春期阶段非常正常。从根源上分析，主要包括三个方面。

第一个方面就是家庭。比如，男孩喜欢长者的女性，那可能是他的妈妈非常优秀，他有些许恋母倾向，但是不可能恋母，然后就把这个倾向倾注在老师身上。反过来，有的男孩之所以喜欢长者的女性，就因为妈妈太不优秀了，或者说他觉得太难接近。这样，他就会找一个与母亲性格完全相反的一个长者，作为自己的感情依托。

第二个方面是环境原因。因为在我们的学校里，除了上课学习，正常同伴之间的交往其实根本就不多，有作业压着，有家庭压着（比如，很多家长要求过了晚上 7 点不许出门），使得孩子几乎没有机会和自己的同伴在一起，因此，也很难在同龄人身上寄托感情。但是老师不一样，老师在每天的上课、答疑解惑的过程中，就经常会以自己的人格魅力感染学生。在这种情况下，学生就会把感情移到老师身上。

第三个方面是自己的心理。在青春期这个年龄段，男孩对爱情和友情的界限还是模糊的。对于成人来说，友情、爱情和亲情可以分得很清楚，但对于处于青春期的孩子来说，往往会把很多种情感相混淆。

以这个例子来说，就是因为那个老师上课的时候盯着他看。老师在很多情况下，尤其是对这种听讲特认真的孩子点头，他就特别愿意盯着他看，盯着他讲。然后，就会觉得老师喜欢他。也有的时候可能老师摸摸他的头，拍拍他的肩膀，或者说一句温情的话等，让这个孩子得到了一种慰藉，继而就特别希望这种慰藉不断地加强，就把这种师生间的感情误认为爱情，然后就追老师。

“师生恋”最好的解决方法是保留这份纯真的感情，让它随着时间的推移，慢慢地成为一个美丽的“过程”。这份感情值得珍惜，因为毕竟这是你在青春期阶段非常纯真的感情，事后再想会觉得挺幸福。不是每个人都会有这种经历。若是非要说出来，那就说！我相信老师会处理得很好。

超哥的“反转剧场”

这位英语老师用了一个很“潮”的方法，一个星期就搞定了这件事。她的解决方法就是跟这个男孩谈了一个星期的“恋爱”。让这个男孩在这一个星期里感到谈恋爱的负担很重，这个时候老师是主动的，谈恋爱需要他为“女朋友”做很多事情，“我家抽油烟机坏了，你来帮我洗洗吧”、“今天天气不错啊，陪我出去逛街吧”……

一个星期之后，男孩终于来到英语教研室，郑重道歉说：“老师我错了。”老师的用意是什么？是让男孩体会恋爱是什么，“想”和“谈”是两回事。放在心里的东西，往往是最美的！

我堂堂男子汉，竟然被拒绝

我学习成绩非常好。上个学期，我期末考试又拿了年级第一，当时也不知是怎么想的，借着这股劲儿，我就向我一直喜欢的一个女生表白了。当时我感觉特好，觉得她没理由不答应我。但没想到，她竟然拒绝了我！

我仿佛从天堂一下子跌到了地狱，那几天一直都昏昏沉沉的，好像再也振作不起来了，什么事情都不想做。我的学习一落千丈，老师跟同学都不知道我怎么了，我怎么能告诉他们呢？这种屈辱我只能永远留在

自己心里。我的人生或许就这么完了？我那一阵子真想一死了之！我以后该怎么面对自己？怎么面对那个女生？

超哥酷评

CHAOGE KUPING

作为一个男性，追求异性是你的本能，是正常的。但是你不能要求异性一定接受你的追求！如果你为这件事痛苦不能自拔，甚至影响到自己的学习生活，那么你实在是太没出息了！之所以这么说，是因为你把这件事情看得太重了，甚至把它看成自己的唯一了！

通过这个案例，我想告诉你，追求异性是正常的，这是在青春期阶段你的一个模仿的过程。但是，你必须了解以下几点：

第一，有追求异性这种想法并不奇怪。第二，有追求异性的行动也不是不可饶恕的。第三，追求异性而追求不上是很正常的。第四，追求异性没追上你反过来痛苦也是正常的，但不能自拔就是你的问题了。

如果你只是因为被拒绝就要闹着自杀，那个女生只会更看不起你！你作为一个男人，遭到拒绝，自信心遭受到严重的打击，感情上的伤害，心理上的伤害，你痛苦我觉得这太正常不过了，太应该了！在这个过程中你肯定会不舒服。但是，如果你作为一个男人，连这个调节能力都没有，那就太不应该了！

Tips

男人这一生，在社会上打拼，可能遇到无数次的挫折，就看谁能更多次地站起来，继续往前走。你现在完全可以把这次被拒绝的经历当作是一次受挫经历，建立起抗挫折的能力。然后以它为新的起点，拿出男人的豁达来，拿出男人的自信继续地走下去。

追求异性是青春期人的一个学习经历！

作为男人，你应该具备一种自我调节的能力。

我有“异性交往障碍”

从小时候开始，我就很少和女生说话，在学校里，男生就和男生玩，女生就和女生玩。上了初中以后，父母跟我说，千万不要早恋，会影响学习。可是，我看班里的男生和女生说说笑笑，相处很融洽，根本就没什么。

我很羡慕那些能把女生逗得哈哈大笑的男生，他们在班里人缘很好，有时候他们出去参加校队训练，女生还会帮他们抄笔记。我就做不到这样，我一见到女生就会脸红，根本说不出话来，我怕出丑，就干脆躲她们远远的。班里女生都觉得我是个“怪人”。

其实，我喜欢班里一个很漂亮的女生，但很奇怪，每次她一走近，我就会赶紧跑开。我怕同学

们看出什么，甚至还故意讲她坏话，说她的不好。后来女生听到了，她很伤心。我这是怎么了？我不想伤害她。

超哥酷评

CHAOGE KUPING

这其实是一种轻微的异性交往障碍。你从小与异性接触得非常少，到了青春期，你开始有接触异性的欲望，你希望和异性有一些相对亲密的交往，但是你自己又强烈地抵触，比如，老师、家长告诉你不可以，这种青春期恋情会对你有影响等。在这种压抑的情况下，你又希望与异性交往，就会走向另一个极端。传闲话就是这种极端行为的表现之一，你越是喜欢某个女孩，就越要在众人面前说她不好。

今后你避免不了同异性交往，更不用说以后要恋爱结婚了。那怎么办？你就必须要突破这个瓶颈！不仅要突破，将来你想要在各方面比较成功，还要学会在女性面前如何表现得大方得体，有绅士风度。

这也太难了吧？不难，你可以先从最简单的做起。

第一步：从打招呼开始。比如，你对某个女孩有好感，可以把她当作普通朋友，进行简单的交往。如果你觉得无法跟他像普通朋友那样交往，可以先找一些你没有什么想法，就是正常的普通同学关系的女同学，有意识地进行一些交往。比如，原来没跟女生打过招呼，现在见面时点个头，打声招呼，就从这个开始练起，慢慢地就会建立起正常的异性交往关系，在此基础上，你会逐渐意识到跟女孩子的交往过程和跟男孩子的交往有什么区别。

第二步：跟异性在一起时能够很坦诚地交往和表达。在与异性交往的过程中，你不要总想着她是女孩，你自己该说什么还说什么，该讨论就讨论，该聊天就聊天，就跟和男生朋友一样，完全不用扭扭捏捏，局促不安。但是，这样还不足以说明你的异性交往是成功的，还有第三点也是相对重要的。

第三步：你要时时刻刻体现出作为男性的一种“绅士风度”，这就要求你表现出对女性的尊重和责任感。比如，大家一起干一个累活儿，你做完了你那一份，别一溜烟就跑了，看看女孩那边需不需要帮助，帮着人家干点重活，这样才算有风度！

超哥语录

男性作为相对“强大”的个体，天然就具有保护和照顾女性的责任。不要把它当作一种负担，而应该把它当作一种荣耀！从身边的小事做起，这样坚持下来，你在女生中的人缘一定会变好，你也会慢慢成长为一个有魅力的男人。

她怎么突然跟我翻脸了

我有一个很好的女性朋友，我俩是“发小”，住一个胡同里，从小一块玩、一块上学、一块回家，就跟哥们似的。我们俩有什么秘密都跟对方说，一块说说笑笑，打打闹闹，她完全不像那些女生，扭扭捏捏、娇里娇气。有时候，我就当她是个男生了。

最近，我们班男生圈子里时兴讲黄笑话。大家经常在上体育课时，背着女生，聚在一起分享从各处看来的黄笑话，然后就有点“龌龊”地哈哈大笑。有一天，在我们回家的路上，我就跟她“分享”了几个体育

课上听来的黄笑话。我觉得她有点不对劲，脸一阵红一阵白的，后来，一句话也没说就跑了，好像还哭了。从那以后，她就和我生分了，我很苦恼。我不觉得做错了什么啊！

超哥酷评

CHAOGE KUPING

这个女孩会突然跟你翻脸就是青春期的心理变化。女孩在这一时期会变得很敏感，尤其是对“性”这一方面。可能原来的你们嘻嘻哈哈的，她也不觉得什么，而你讲的那几个笑话对她来说太敏感了，她意识到了，那你们的关系就会生分了。这样并不一定说你损失了一个朋友，但是，最起码这个插曲会使你们不愉快。

男孩要避免和异性“哥们”之间发生不愉快，就必须处理好异性交往过程中的性心理分歧。你想：我跟这个女孩是很亲密的异性朋友，我们是“哥们儿”，跟哥们儿有什么不能说的？我既然拿她当“哥们儿”，我跟哥们儿聊的这些问题，跟他聊有什么不对呢？

我必须说，跟红颜知己交往也要把握分寸，你和同性朋友、异性朋友相处的方法肯定是不一样的，其他问题你可以嘻嘻哈哈无所谓，但是在性这个问题上，必须要注意男女的差异，这一点太重要了！

异性交往过程中要注意两点：

第一，交往中要留有余地。谈得来，不代表可以无话不谈。比如，作为男生，你跟女生谈论过多的性问题，那对于女生来说实际上是一种伤害。你说话应该是就事论事，双方都留有一定余地。这一点做到了，其实就不会出现什么大的问题。

第二，一定要尊重对方。怎么才算是尊重？尊重的前提是了解、理解，就是你知道对方是怎么想的，尤其是到挚友这个层面，会很容易了解对方的一些感受。那么在对方这个感受前提下，你应该尊重对方的感受，不要动不动就指手画脚，不要动不动去做一些伤害对方的

事。作为朋友，更多的倾听其实是更有效果的。

留有余地和尊重对方，只有这两点做到了，你才有可能和异性“哥们儿”保持良好的关系。包括今后到社会上，和女同事交往，这也是很重要的一点，不要动不动就显得很轻浮。你要活泼、坦诚，这些都没错，但是你也要尊重女性的感受，不要说一些让对方感到不舒服的话。这是你作为一个男性最基本的素质。

超哥语录

跟红颜知己交往要把握好分寸，尤其是在性问题上。

跟异性“哥们儿”保持良好关系的法宝——留有余地、尊重她。

我不想当“万人迷”

我和班里的同学关系都非常好，人缘也很不错！我的学习也非常好！就因为这些，我们班同学总认为我很出色。还有几个女生直接来问我：“你这么出色，长得又很帅，为什么不交女朋友？”

最近，同年级有个女生托我们班几位与我不错的同学来当说客，说她想与我交朋友。我觉得这个女生挺不错的，我们也很聊得来，成为好朋友没问题，但是我并不想和她成为男女朋友，我只是觉得谈恋爱不是我们这个年龄要做的事，或许以后我们会成为男女朋友，但现在我并没有这种感觉！我不想用强硬的语言拒绝她，也不想伤害她。我们班的同学很不理解我，都说我太冷血了，我很烦恼。

超哥酷评

CHAOGE KUPING

如果你真的不想交女朋友，我觉得你可以对追你的女孩很坦诚地说：“我目前不想交女朋友。如果你再这样对我，我会觉得不舒服。而反过来，可能也会对你造成伤害，丑话说在前头，我必须要告诉你这个。即使你可能现在觉得我不给你面子，觉得你很不舒服，但是，总比我当众拒绝你感觉要好。”

这是一种处理问题的方式，就是淡化，像普通同学一样正常交往。我很欣赏这种做法。因为你至少把自己最重要的想法表达出来，且让别人理解你，并且断绝了很多不必要的流言蜚语。

另一种做法就是，我认个妹妹，成为好朋友。因为，并不是异性之间有好感就非得谈恋爱！你既然觉得她不错，就完全可以成为好朋友。你对这个女孩有些好感，但又心知肚明在这个阶段不能产生恋爱的关系，但是又喜欢她，又不希望和她断绝关系，怎么办？可以换一种方式去处理。

超哥语录

我觉得淡化和认妹妹这两种做法最大的差异在于是否希望有这份感情。而淡化是不希望有这种感情。我既然已经确认我不喜欢，我真的不想做这件事情，那就不用留任何余地，彻底说清楚，以后我们就是正常、普通的同学关系。

我个人的观点是：当一个男孩受到很多女孩追捧的时候，是个好事，是一个让他自信心提升的好事。这个时候考验的是什么？就是男孩处事的能力。兄妹可以认，朋友可以处，但是要搞清楚自己在干什么。

男生也会遇到“性骚扰”

我是一所重点高中的学生，是学校戏剧社的，所有的朋友都说我长得像金城武，我是同学们公认的大帅哥。

去年夏天的一个晚上，我在后海边上闲逛，累了，坐在路边的长椅上休息。过了一会儿，有一个男人坐在我旁边，我们一起聊天聊得很投机，他给我讲了好多社会上的趣事、工作中的无奈……但是后来，他就把话题转到“性”上面，还很暧昧地触碰我的身体，我觉得有点奇怪，但是想到我们都是男的，又觉得没什么。他约我周末到郊区玩，我有点害怕，就推说有事拒绝了。他该不会想对我怎么样吧？这算是“性骚扰”吗？不是只有女生才会遇到这种事吗？

超哥酷评

CHAOGE KUPING

你确实遇到了性侵犯！其实，男生会遭遇性侵犯，主要是因为没有自我保护意识。很多时候，这种性侵犯男生自己都感觉不到，比如，某些言语挑逗，其实已经是一种性侵犯了。如果是女生，她会比较敏感，而男生很多时候不会很敏感，但实际上对方也是在对这个男生进行了性发泄。

陌生人有意识地使用一些不三不四的话挑逗，或很猥琐地有意无意地说黄段子给你听，这样就是性侵犯了。这在同龄人之间或长辈和晚辈间都有可能发生。为了自身的心理安全，这样的事情也要学会有意识的防范。所谓性侵犯，主要在动机上。所以，你必须学会辨别别人的动机，看他是不是有恶意。你还算有一些警惕性，没有跟认识第一天的陌生人贸然出游，否则，你可能受到伤害！

这种事既然已经发生，最好抱着“吃一堑，长一智”的心态，让它随时间的推移慢慢淡去吧，别不断地想这事，因为这事会越想越窝火。

超哥语录

性骚扰主要是女生会碰到，但是，男生也不是就一定遇不到，而且，也可能由于你的忽略，产生严重的后果。这个案例主要是要唤起自我保护的意识，不单纯是性方面，还有其他的自我保护意识，包括识人、交友。即便对方很迷人，你特别想和他成为很好的朋友，也应该在深入了解他之后，再作决定。

第三章

做男人，自信、气势很重要

ZUO NAN REN ZI XIN QI SHI HEN ZHONG YAO

为什么我总被当成“乐子”

我很苦恼，为什么我得不到别人的尊重？我体育不好，班里高大的男生总是欺负我，我是这么认为的。我不爱打闹，也从不招惹别人，但是为什么他们打我？还是笑着打的，好像是闹着玩，但我不觉得这是在玩。我明确地表示过不想打闹，可他们就是不停手，我觉得我受到了侮辱。

日复一日，班里的人都认为我好欺负，在这个集体里我既没地位又没面子。他们对我做一些带有侮辱性的动作，说一些侮辱人的话。我违背自己的意愿，处处迎合他们，我是怕他们。其实，我真讨厌他们！也

许我不成熟，我觉得和班里的同学比，我像是四五年级的小学生。

我从被喜欢被尊重，到被歧视遭冷落，我想不通，我痛苦，我觉得世界好像变了，我不知道该怎么办！

超哥酷评

CHAOGE KUPING

在你这个年龄段，男孩子之间的这种交往其中一个非常重要的方式就是对抗，这太正常了。竞争对抗，这是动物的天性。尤其是雄性动物，在自然状态下生存，就必须要有自己强势的地方。所以回避在这个阶段没有任何意义。这个时候就不是回避的时候，这个时候你就需要有自己的方式去对抗。

这种对抗并不一定是跟他们对着打，“打”仅仅是其中一个方式，你可以通过其他的方式。你说你义正词严地想跟人家说清楚，没用！我个人觉得最好的办法，就是你手底下有一拨人。就是你得让别人信服你。怎么能让别人信服你？就是你得有气势，你个儿又矮，胆又小，不欺负你欺负谁？

个儿矮没关系，胆小没关系，你的做派，你的行为处处体现出自己的看法和想法，处处体现出你对各种事情的处理是有自己的主张，那么别人就会感受到这点，他们就不会欺负你。为什么？他不敢！所以我说你身边有一群人的意思并不是找一群人打群架，而是你能够通过自己的气势、信念和个人魅力去把大家吸引到你身边。别人欺负你的原因就是因为你不自信。

你的那些同学看似很自信，但是他们交的女朋友，他们抽烟、喝酒，这样得来的自信其实不牢靠。体育和学习成绩在学校才牢靠。你说那该怎么做？好办！

体育，这是男生提升自信最有效的方式。苦练篮球，找机会在篮球场上表现，很快你的人际关系就改善了。苦练长跑，在运动会上你跑下 3000 米，你在班级整个的气势就提起来了。篮球和长跑都不擅长？没关系，总能找到适合自己的，天生我材必有用。就算体育没用，还有演讲、学习……总能找到适合的方式，让自己的气势和信心树立起来。但是这个方式之所以能够有效的前提是你自己首先要自信起来。

超哥的“反转剧场”

这个男孩靠自己的学习和体育，在班里树立起威信，那群人就不怎么欺负他了。慢慢地，他被推选当上了班长。

一个学期之后，他用自己的个人魅力“收服”了那群打架的孩子，并把他们全管好了，全考上好学校。其实他根本不像自己说得那么弱，他挺强势，脑子又好使，就是个矮点。他就是把自己弱点放太大了。他确实很有魅力，现在身边还是有一群好朋友。

超哥语录

青春期交往的重要方式之一——竞争对抗，你需要用自己的气势、信念和个人魅力赢得对抗的胜利。

超哥自述

男人，活的就是一口气

雄性魅力，是男人对自己负责的最终体现。你是男人，你能够至少是在气势上统治世界，有这种气势就体现了你对自己负责的最终表现。所以我们一直在提一句话，男人活什么？男人活的就是一口气！这气指的就是气势。

我经常会和我的学生打球，有一件事我印象非常深。几个人一起打球，我作为一个老师也上去，我说能不能分一下拨，我跟哪拨？然后他们说你打球这么烂，你还跟我们打？我说烂怕什么的，烂就学呗！这么着吧，你们三个人一伙儿，我们三个人一伙儿。

我们这一组，那两个孩子个头都不是很高，都比较瘦。那两个孩子就说了一句同样的话："超哥，咱行吗？咱能打过人家吗？要不咱就放弃吧。"我听了特别生气，就跟那俩男孩说："你是不是男人？咱技术不行，咱体力不行，咱个头不行，咱可以输球，但咱绝不能输人！玩球玩什么？玩的是气势！我可以输了这场比赛，但是我不能丢这个人！指不定鹿死谁手！"俩孩子听完我说的话后说："是啊，拼了！"

我们一共打了 7 局，10 个球 1 局。前 3 局我们全输了，真的，全输了！打得那两个孩子都要哭了，说："超哥咱们别打了，咱上别处玩去吧。"我说："只要士气上顶住的话，他们体力在下降，我们有机会。只要坚持，我们有机会。"最后的比分是 4 : 3，后 4 场我们全赢了。

赢在什么上？不是赢在技术上，不是赢在体力上，而是赢在气势上！我们敢去拼，敢去抢，敢去防守。拼的就是这个气势！并不是说非要赢了这场球，而是作为一个男人，你要自信，要对自己有责任感。如果将来在社会上，你能在各种场合表现出这种自信的气势，你就是个顶天立地的男人！

为什么我没有朋友

我学习很好，唯一的苦恼就是没什么朋友。其实我跟同学们相处没有问题，大家也觉得我不错，但就是没有那种“铁哥们”。

我常常听有些长辈说，现在人心险恶，交朋友太困难了！人心隔肚皮，你知道人家怎么想的？你知道谁可交谁不可交？所以不如自己过自己的日子。所以，每当我想跟同学说说心事的时候，又马上会想：我该把这个跟他说吗？他会不会告诉别人？这么一想，就又把话咽回去了。

其实这种生活方式也挺好的，就是和所有人都不错，但又保持距离，维护自己的独立空间。但是有时候想想，又觉得没有个“铁哥们”始终是个无法弥补的遗憾。我很矛盾！

超哥酷评

CHAOGE KUPING

你能意识到这一点很好。的确，作为一个男人，如果你连朋友都没有，真的很悲哀！在我们的社会里，朋友非常重要，他们帮助你、呵护你，和你一起成长，甚至可以伴你走过一生，如果你连朋友都没有那就太失败了！

你的长辈所说的那种想法，确实在现在的社会上存在。但是，我要强调两点：第一，有这个想法其实你就损失了一批朋友，不是因为别的，就是因为你不坦诚！坦诚，是交朋友一个非常重要的前提。你只有敢把心交给朋友，朋友才可以把心交给你，因此，坦诚是你交朋友的第一前提。

在坦诚的前提下，就需要你“识人”。如果作为一个男人，你交朋友屡交屡遭朋友坑，那你也太失败了！我个人觉得，你在交朋友之前需要对面前的这个人做一些基本的判断。而我判断朋友的方法非常简单，就是看他对父母怎么样。他对父母不好，我觉得就可以打住了，他对父母好，就可以进一步交往。很难想象一个对自己最亲的人都不好的人，怎么可能对其他外人负责任，这就是我的想法。

交朋友的“倒三角”

我们将人际交往分成四个层面：现在是一个倒三角，这倒三角面积的大小代表多少，也就是说与你有相应关系的朋友的数量。随着交往逐渐加深，你会发现，正常情况下，你的朋友的数量或者说相应层面的朋友数量应该是在减少的。

第一层：联系
很多

第二层：相识
一些

第三层：好友
几个

第四层：
挚友
1~2个

交往逐渐加深

第一个层面叫联系，这样的朋友应该是

很多的，所以它在三角的最上面。那这样的朋友关系的特点是什么？就是能够简单地打招呼，“今儿天气不错啊，走啊”，就到此为止了。也就是说不可能说更深的话，叫有联系。

第二个层面是“相识”，更深入一些，朋友的数量就少了一些。对于朋友来说，应该有一些是你相识的朋友。这一层次的朋友应该是能够进行简短的事实性对话，比如，“这衣服挺好看啊，挺漂亮的”、“今儿作业是什么呀”，这属于相识的，不谈论实质性内容。但是，会有一些不长的事实性对话。这是可以作为你这种相识的朋友的判断标准。

第三层叫“好友”，你们的关系更深入了，数量就更少了，只有几个。好友的特点是什么？就是谈话可以持续很长时间，以思想和爱好相同为主要内容。比如，都喜欢篮球，你说：“昨儿那个球你看了吗？那个球打得不错。”这是可以和朋友聊的，并且两人一聊就可以把这一场球都聊下来。还可以谈论一些相对比较私密的问题，比如，我觉得这老师讲课太死了，不怎么样。你觉得怎么着？类似这种话题，可以有比较长时间的讨论，这就属于好友这个类别的。一般情况下好友不会太多，就几个！

最后一个层面是最深入的，叫挚友，1~2 个。能有 1~2 个挚友，了不起了！它的特点是什么？总有话可说，并且有足够的相互信任和彼此支持！感受啊、梦想啊、情感啊，所有的内容都可以作为谈论的话题，甚至可以把自己的不良情绪表达出来，而不用担心对方的不理解：今天我太糟了，点太背了！悲剧了，今儿！我该怎么办呢？我不知道怎么办了？像这种问题，你都可以和你的挚友聊。这是我们对不同朋友的划分。

在“识人”的基础上坦诚交友，你的人生一定会更精彩！

难道我眼看着同学被欺负

有一天，我放学出校门，在校门口看到有几个男生围着学校的一个学弟要钱，不给就要打他。我当时就觉得，要打抱不平，不能让别的学校的人明目张胆地欺负我们！然后我就不管不顾抄起板砖，就把那几个人给拍那儿了。拍完以后，我被判了刑。

我现在后悔极了，我真不知道当时是怎么想的，我为什么就会上手。马上就要中考了，我却还要在这蹲好几年，我真是对不起我的父母……

超哥酷评

CHAOGE KUPING

男性到了青春期这个阶段，由于身体激素发生变化，会变得暴躁，好打抱不平，而在打架的过程中，往往不考虑后果，下手很重。你可能觉得哥儿几个，抄起棍子咔咔打一顿挺舒服，但你要知道，如果出了事，你要负责任，严重的还要负法律责任。

有人说那怎么办呀？我就是一个暴脾气的人。男人，谁没点脾气呀？但是，男人的脾气并不是莽撞男人的脾气，并不是像你想象的那种无知的状态。男人有脾气是要讲方法的，是要把事情考虑清楚，能够把这件事情处理明白的一个过程。遇到事的时候，你要先想这时应该如何迅速解决问题，并且避免不必要的损伤。比如，你在校门口看到其他学校的学生围着你的学弟挑衅，你完全可以马上返回学校，去找老师或学校警卫寻求帮助，完全没必要亲自出手。

如果事情发生在人烟稀少的郊外，对方人多势众，那你可以先拨通 110 报警，告诉警方事情发生的具体位置，对方的人数、所携武器等，然后等待救援。在没有保护的情况下，不要贸然出手。

超哥语录

“男人的脾气”应该指的是男人的果断、男人的自信和男人的担当，这是构成你个人魅力的一部分。而无知的莽撞，只会给你自己和你的亲人带来难以抹平的伤痛。

当“心灵自由”遇上“现实规范”

随着年龄的增长，我有了自己的思想。有很多老师、家长讲的大道理，我都打心眼里嗤之以鼻。难道他们在我们这样的年龄，就没有任何想法？我不信！

但是，类似这种想法我只能憋在心里。表面上，我还是认真学习、遵守纪律，从不跟老师、家长顶嘴。但是我心里那个真实的“自我”却被憋得透不过气来，我好想发泄出来。

超哥酷评

CHAOGE KUPING

在青春期阶段，你有了自我意识，开始在自己认可的原则和社会规范之间进行调节。在这个过程中，有冲突发生是一定的，你会觉得为什么有一些规范，我明明不认可它，却还要去服从它？这种冲突会给你带来一些压力，压力积压久了一定会爆发，比如，有的学生会在校外打架等，这种行为就是一种爆发，但这种释放其实是过激的，它并不能使你真正释怀，甚至还会给你带来更大的烦恼。那么，怎么办？这就需要你建立一个恰当合理的心理防御机制。

注意，我在这儿强调的是“恰当合理”，而你现在的状态并不是恰当合理的！你的两种做法都是在走极端：你在校内和家里做“乖孩子”，是“被迫”服从了你并不认可的规范；在校外，你又用一种过激的方式来表明你的态度，你把这种恶意全部发泄出来，其实，你是“报复”了自己。

那么，怎么建立一种适当的心理防御机制呢？就是告诉自己“存在即合理”！你要试着换一种角度，去思考这些规范，并认可其中合理的成分。比如，现在家长、老师严禁谈恋爱的情况是有许多原因的，他们认为你现在最重要的事是学业，别的事应该先放到一边。或者，他们认为这个年龄段的中学生，还不具备处理恋爱中一些复杂问题的能力，想要保护你们。你再进一步去想，如果你是个老师，你能在大庭广众之下告诉所有的学生，你们都可以去谈恋爱吗？跳出自己的思维模式，从不同的角度去思考，能够正确地看待，你的心理释放就能够达到了。

这是一种“防御”，你要主动采取行动，消除压力！这是我想说的最主要的东西：永远不要怨天尤人！你确实是在社会环境中生存，环境中的问题确实会对你造成很大影响。但是，当你无法改变环境、无法解决问题的时候，你需要做的事情是适应，而不要对某一个问题死钻牛角尖。

你在自己认可的原则和社会规范之间游离，无法改变，就去适应环境吧，别去死钻牛角尖。

非得“适应环境”吗

我的成绩在全年级是头几名，是那种很招女孩子喜欢的男孩。我就喜欢漂亮的女孩子，其他都不重要。最近，我有了一个女朋友，非常漂亮，算得上校花了。学校里很多男生都在追她，可她看都不看他们，就答应了我。

从此，我成了全校男生羡慕、嫉妒的对象，但是我一点也不喜欢那女孩，过段时间我就和她分手了。我也不知道自己怎么会变得这么玩世不恭。在我们学校里，不坏点儿，连女生都欺负你。这也是没办法的事！

超哥有话说

很多人一直说我们的教育最终目标是让孩子适应社会，但我的观点不是这样，我认为，了解社会、适应社会仅仅是一个阶段，而最终的教育目的应该是让你们有足够的信心和能力去合理地改造社会。我们社会的未来需要进步，需要创新，需要不断地前进，而这所有的一切都落到了你们的肩上，因此，你需要有一种自我意识、自我觉悟的能力，在这个基础上去了解、适应我们目前的社会，在适应的前提下，进一步努力用创新的思想和负责任的精神将我们的社会变得更加美好。这才是你们这一代的责任！

超哥酷评

CHAOGE KUPING

你说，在学校不坏点，不甩几个女孩，连女生都敢欺负你，这涉及一个人和环境相互之间的关系。人肯定要生活在一个环境中，当他处在某个环境中的时候，是不是就必须去适应它呢？

你这种适应实际表现出来是自己的一种不自信，一种自卑，而内心的强大对于你现在这个年龄的发展来说最有意义的。你如果内心不认同这种现状，那就要有自己的坚持，并且试着去改变现状。

我觉得学校本身这种环境对你的影响肯定是有，但是你是不是真的愿意融入其中，这是你自己可以定的。觉得这个环境是否合理，也是你自己的观点。那么，在判断之后，你第二步需要做的，就是决定自己是不是要做这件事，如果必须要做这件事，这是你自己的选择，即使受到伤害也要自己承担。

如果你觉得没有必要做这件事情，并且最终选择了不做，那在这个过程中你可能受到一些挫折，但是最终你会胜利。

内心强大的人，不认同现状时，才尝试去改变。

每次分班，我都很痛苦

我在班里一般很少说话，朋友也不多，我不被同学了解，也不被老师了解，也就是说我非常不适应这种学习环境。我一度快要崩溃了，精神状态非常不好。我想到过转学，但我是一个有毅力、有自尊心的孩子，不到被逼无奈我是不会转学的。

我现在的情况是，自己开始被同学们接受了，心情也比以前好了，但是等升入高三，我们年级全部重新分班，我难道又要经历一次从前的折磨？我又要和刚刚熟悉我的同学们分开？我感到前途渺茫，我以后可能被分到这样的班，也可能被分到那样的班，总之，我又要用一年的时

间去熟悉、习惯新的环境——有没有办法能让我很快地、很自然地在新的集体中生活，在新的集体里成为大家都喜欢的人呢？

超哥酷评

CHAOGE KUPING

分班是现在很多中学生，尤其是高中生会遇到的问题。这种情况会不会对中学生产生影响？有！比如，适应性问题，熟悉性问题，都需要时间，这会让你在应对紧张学习的同时，还要去适应这种改变。但是，反过来对你有没有正面的影响，肯定有。比如，你接触了更多的人，获得了更多的思想，并且在重组和重建过程中，能够找到自己的位置，更好地让自己为某个集体发挥自己的力量，这些经历也是好的。

分班这件事情本身没有什么可抵触的，虽然你不能在一个集体里面长时间地享受已经获得的友谊，但是换个角度来想，你也多了一次适应新集体、结交新朋友的机会。所有的问题都可以用乐观的心态来对待。

我认为，你既然能够适应一个环境，给你换一个环境，你就肯定能适应，一定会。但适应一个环境可能需要时间，可能需要自己的付出。为什么？因为人进入一个新的环境，第一个反应就是自闭、保护。所以，你很难很快地融入一个新的环境，反过来如果你真的想尽快地适应，就必须把自己放在这个集体中，你所有的思维逻辑、思维模式，都要放在这个集体中，而不是游离在集体之外，这样，你就会比较快速地适应。

超哥自述

我原来总觉得同学关系就那么回事，但是毕业以后，我却发现同学和普通认识的朋友绝对不一样。

比如，在高中时我从来没有跟某个女孩说话，我都不记得她叫什么，她也不记得我叫什么，突然间某一天遇上了，就是看着眼熟，但是真的很亲切，我当时的想法就是如果她要找我办点什么事，我会义无反顾地帮她，为什么？因为她是我的同学，就会有一种感情在，而且这种感情绝对和别的不一样。因为我们共同经历过一段毕生难忘的校园时光，这是非常值得珍惜的！

人在青春期的那个阶段，会有大量感情付出，有感情付出一定是有回报的！再稍微的扩大一点，同一个大学出来的，这就是一个圈子，比如，我在学校里面，可能师兄师姐都没见过面，比我大十几岁，人家都毕业了，我还上高中，没有在大学里见过面，但是一提都是同一大学毕业的，顿时就不一样了，就觉得真要找我办点什么事，我不给他办的话，这师弟白当了。反过来我也问过他们，我说师兄能不能帮我干点什么，人家也绝没二话！

这种感情绝对不一样，共同经历的事情一定是付出感情的，而付出感情是有回报的，这一定是对等的。这就是我的观点。所以我觉得分班也是在创造一种机会。你在中学、大学阶段的同学们，虽然你可能没留下他的联系方式，也没再联系，但是这无形中就是一种感情。

融入集体，是不是就意味着要随波逐流、人云亦云？不是！你必须坦诚地面对这个集体，进入这个集体，在坦诚地与集体成员交流的过程中，你就获得了集体成员的思想，反过来，你也要把自己的一部分思想融入到这个集体中，成为这个集体的一部分。只有有了这种积极的、双向的交流，你才能成为集体中不可缺少的一分子，集体才会认可你。

做好“当下”该做的事

我性格比较内向，学习成绩一直不好，压力很大。明年就要高考了，我却怎么也复习不下去，我想，如果最近这次模拟考试考得不好，我就要去自杀，结束这不幸的一生。我在想：怎样能轻松地死去呢？我在网上找了好几天，网上有众多和死有关的文章，我都看了。然后，我下定决心去死了，并选择用安眠药。

我实在是一个不喜欢学习的孩子，也不求上进。改是很困难的，再有，我做事很慢、很笨。那天我爸又把我臭骂了一顿。我觉得如果我去

自杀是很值得的，因为我太没用了，学习差、反应慢、性格“肉”、没目标，这些加在一起，我还能怎么办呢？

我活着是不是一种浪费呢？是不是死了就可以彻底解脱了呢？

超哥酷评

CHAOGE KUPING

现在中学生想这个问题的也不在少数，每个人有每个人探索这个问题的原因。你的原因是对现实的惧怕，你学习不好，比较内向，父母对你的要求又高，这让你感到压力特别大，就想去死。这实际上是一种惧怕。

你又想，为什么要死呢？因为你的未来是没有希望的，因为你不喜欢学习，也不求上进，改进很困难，你做事又慢，这些都没法改变，你对未来没有目标，你觉得以后也没有奔头了，所以应该死。整个论证过程都出来了，你就觉得应该死。

你对于“死”很详细地想过。把整个实施过程都想清楚了。但是，你选择的死亡方式，是相对来说你认为最不痛苦的死亡方式，这就是一个最主要的印证你不想死的点。你之所以想到死，是因为外因的问题，你会选择一种对自己伤害最小的死亡方式，说明你有强烈的保护欲望，你真会去死吗？不会。

你的原因，就是你不自信！你天天想着我不能干什么、没法干什么，你就不能想想你能干什么吗？你真是那么一无是处吗？你甘心吗？不甘心，就要努力地去改变现状！永远不要问别人你该做什么，因为，只有你自己知道答案！如果你实在想不出一个目标，那还有一个很简单的方法：把你当下需要做的事情做好！

我当时就跟这个男生说："你死去吧！"

他说："超哥你这么说，我很伤心。我觉得你是我最信任的人了，你却说出这样的话让我很伤心，很难过。"

我说："你这就该死，你活成这样，你自己都觉得没什么念想，你死去呀。"

他说："你觉得我真该死吗？"

我说："真该死！你看，你自己觉得什么都不能改变，自己也没有目标，也没有信心，父母还整天逼你，对不对？"

他说："对呀！"

我说："那你还活着干吗？你自己也没啥希望了，你活着也是行尸走肉啊。"

他说："你就不能给我点信心吗？"

我说："我的信心只会给那些热爱生命，敢于挑战的人，我不愿意给你这样的人，我干吗要给你希望？你死掉，国家省了粮食，我还省一部分心思。你父母高兴再生一个，慢慢培养呗，挺好的，不缺你这一个人。"

他说："你太让我失望了，你能最后给我一个不死的理由吗？"

我说："没有！除非明天你告诉我，觉得作为一个男人你能搞定这些事，能改变，你能够想到自己想干什么。"

他说："说实话我真的觉得天生我材必有用，我应该有出路的，但是我真是找不到门，不知道怎么做。”

我说：“告诉你没门，没有什么怎么做，你就听我的，现在你该做什么就做什么，该写数学作业就写数学作业，认认真真把数学作业写清楚，你不用想以后干什么，你只需把自己的事情处理好，处理事情的过程就是积累的过程，最后就会有出路。”

这个学生现在上清华了。他本来是年级排名倒数的学生，后来为什么上清华？他跟我说：“超哥，我这个人属于必须想清楚以后，我才能办，不想清楚我就没心办。”我告诉他：“你就别想，反正想也想不清楚，你就干，不用想，该干什么干什么。认认真真做好每件事，不管想干不想干。”

这学生其实真聪明，那天写作业写得特别认真，特别好。第二天他跟我说：“超哥，数学老师表扬我数学作业写得好。”我鼓励他继续。到了高三，他的成绩已经排在全年级前面了。

我是一潭“死水”

我想死！并不是因为我学习不好。不谦虚地说，我认为自己的能力很强，考上一流大学不是问题。我想死也不是因为被同学孤立，相反，我朋友非常多，但是我的内心有一面是紧紧闭起来的。我从不缺别人认可，认可我的人太多了，我只是在寻找希望，可是找不到。

我最喜欢的诗歌就是闻一多的《死水》，我认为自己就像诗歌中的一潭死水，让它不痛不痒地继续下去。

我看着自己慢慢地失去活力，我恐惧，我不想这样，我想把自己这潭“死水”激活，但永远找不着路。

超哥酷评

CHAOGE KUPING

你的痛苦是来源于你的内心，而不是来源于外部。究其根源，是因为你的自我意识觉醒了，又找不到一个你自己认可的“人生信仰”。你找不到可以被认可为“信仰”的东西，这是你的症结所在。

其实，在中学生、大学生甚至成年人中，都或多或少地存在着一个“信仰缺失”的问题。我一直觉得教育的最终目的是应该培养那种能够自己获得幸福感的独立的人，这不是一件很容易的事情。你必须常常审视自己的内心，找到一个属于自己的信仰，是你自己非常认可的，并愿意为它付出不懈努力的一个信仰，然后，你就可以以它为支点，支撑起你的整个世界！

这种信仰并不难找，只要你知道自己真正想要的是什么。不要怕它太大或太小，关键是，它反映出你真实的内心。你的信仰可能随着成长不断变化，你会不断调整，去追求更新的目标，你的生活会变得非常精彩！

超哥自述

有些学生问我，超哥，你为什么整天乐呵呵的呢？你没愁事吗？我说我没愁事。你为什么没愁事？我说太简单了，早上起来一睁眼，还活着！又赚一天！这是一件非常值得庆幸的事，我这一天就会很高兴。他说你为什么能想到这个？我说我信科学。我信一切事情都是合理的。在这个过程中我需要做的事情就是去理解它、去享受它。我有这样积极的心态，才可能在什么事情上都觉得挺好的，挺幸福的，这就是我的信仰。我信什么？我信一切！这就是我的信仰。

离开网游，我的人生就没有意义

我沉迷网游，经常逃课去网吧刷夜，导致我没有动力学习，成绩变得很差。高中之前，我一直在家里住，家长管得很严，不断督促我。那时候，我就是为了父母而学习，努力考上重点高中。到高中后，住校了，没人管，我的自制力一下变得很差。父母告诉我，你要好好学习，为了自己好好学习，考上好大学。我个人以前一直是为了家长学，挺有动力，但当他们告诉我要为自己学习的时候，我茫然了，因为我觉得没必要为了自己学，我也不知道学完要干啥。失去目标后，我就找游戏作为寄托，我觉得在玩游戏时，我才感觉到自信，感觉到人生有一点意义。

我觉得自己逐渐陷入了一个恶性循环，这样下去，我会不会毁了自己的一生？我该怎样找回迷失的自己？

超哥酷评

CHAOGE KUPING

你的问题在于你迷失了“自我”，你在其他方面找不到动力，只好借助网游。这个问题的根源首先在于家长没有培养你独立的意识和人格。你除了听从父母的指示之外，并不清楚自己是谁，如何规划自己的人生，因此你迷茫了。

你现在用网游来获得动力，如果不及时收手，那就很容易对网络游戏产生心理依赖，那个时候，你会彻底迷失在虚拟世界中，无法自拔。所以趁你还清醒，要赶快找出自己的问题所在，用男人的自信面对它，然后解决它！

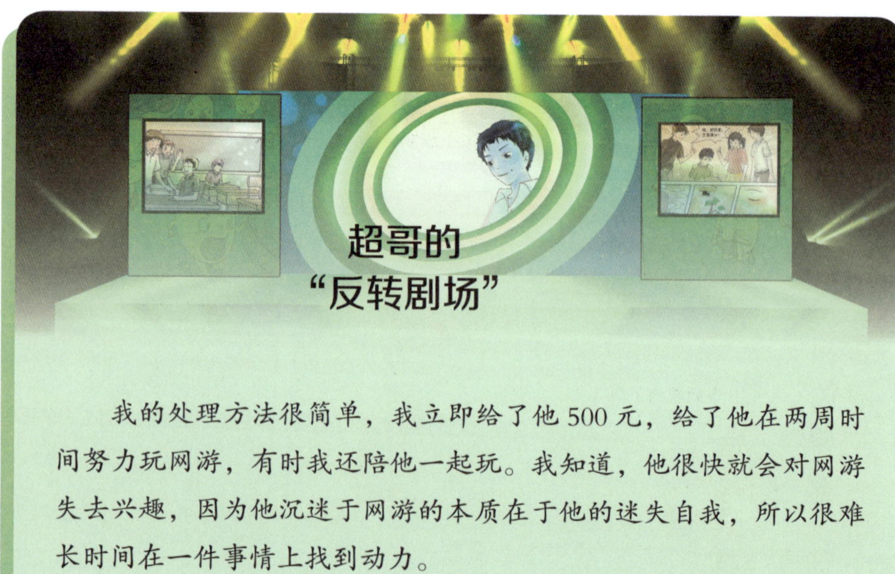

超哥的“反转剧场”

我的处理方法很简单，我立即给了他500元，给了他在两周时间努力玩网游，有时我还陪他一起玩。我知道，他很快就会对网游失去兴趣，因为他沉迷于网游的本质在于他的迷失自我，所以很难长时间在一件事情上找到动力。

果然，一周后，他告诉我，他玩得很好了，没意思了，没有空间了。我当时找了一个人（是我的朋友，玩网游的水平很高），让这个人陪他再次玩了一回网游。当天晚上，从网吧回来，他就给我打电话了，说想和我聊聊。那天我们聊了一宿。

他突然发现自己很弱，他被我的那个朋友给镇住了，他认为自己一辈子也玩不到那个份。他被这件事情彻底摧毁了！

我说："你真服气吗？"

他说："不是服气，而是自卑。"

我说："你不想超过他吗，成为比他厉害的游戏玩家。"

他说："我没戏！"

我说："如果你被这点事情摧毁了，那么你不是个男人，你也不配做我的朋友！"

他呆呆地看了我很久，说："超哥，那你说我怎么办？"

我的回答是："任何时候你要真想解决问题，就只能靠你自己，没人能帮你。当然，如果你想一辈子看不起自己，也是你自己的选择。"

然后他沉默了。第二天早上他一句话都没说，就上课去了。一年后，他以667分的高分考上了大学。后来，他告诉我，他根本就没找到目标，但他觉得应该把每件事情做得对得起自己。直到上大学后，随着年龄的增长和思路的拓宽，他慢慢学会了规划人生，寻求适合自己的目标。

他自己说，他就是在一件件"对得起自己"的小事情中慢慢找到了自信，找到了自己，找到了能够继续下去的动力。

超哥语录

男人，第一，需要了解自己，了解自己的长处和短处；第二，需要永不服输的态度，如果随随便便就被某件事情给摧毁了，就不配男人这个词；第三，需要在前两个基础上努力，用自己的方式证明自己，让自己看得起自己！

为什么我不信任别人

在我很小的时候，父母就离婚了，我跟着父亲住，他从不让我去看望母亲，也很少回家，更不关心我的学习。

连自己的亲生父母都对我这样，我再也不敢信任任何人，我只想快乐一点儿。其实，我真的想有一个“家”，但我没办法，我对未来要结婚成家充满了恐惧。我从没想过将来结婚，只想一个人过一辈子！这些年的煎熬已让我的心变得像石头一样坚硬而冰冷，我感到恐惧。

但这些年支撑我的力量也有许多。初二时，我喜欢上了一个女生，

是她激励着我努力学习，保持班上名列前茅的成绩。我知道，只有考入高中，未来才会有希望。最后，我们分别进入两所高中，每次放假，我都不会回自己那个冷冰冰的家，而是去找她，因为只有她才会给我快乐。

现在高二了，我和她已成为好朋友。我现在十分茫然，班里有一个可爱女生在2月14日那天送了我巧克力，说明她对我有意思，我能否将她作为我学习的动力呢？我对人生，总是充满了不信任，难道人生是一种痛苦？我似乎对周围的世界有一种莫名的敌意，这是不是一种心理疾病啊？

超哥酷评

CHAOGE KUPING

你问题的根源就是家庭，家庭对你影响比较大，我还是那句话，你需要看到幸福，需要用自己的内心的强大，用自己的努力去创造幸福。

你现在其实是恐惧，是害怕，怕再重蹈父母的覆辙。但是，你应该完全可以相信自己的能力，跳出那个阴影，去积极地创造自己的新生活。

你不信任任何人，这是你的最大心理障碍，这造成的最直接后果，就是你对别人不能坦诚相待，那么别人也无法和你交心，你永远不会有真正的朋友。这样恶性循环下去，等到所有朋友都离你而去，你会真正变成孤身一人。这是你所希望的结局吗？

肯定不是！其实你需要先改变自己的看法，你现在把这个问题提出来，说明你已经意识到这个问题了，意识到你对人不信任，认识到你在这方面存在心理障碍。换个角度思考问题，多看到这个世界的美好面。然后，试着交一个知心朋友，把自己的想法坦诚地告诉他，听听他的意见。我的经验是，坦诚是解决问题的最好办法，先坦诚地面对自己，这样你就有机会坦诚面对别人，接下来你会发现，坦诚给你带来的朋友，在坦诚地和朋友交往中你的心会被进一步打开，生活会变得越美好起来，这样你就进入了一个良性循环中！相信超哥！

超哥语录

你逐渐会发现，这个世界上你可以信任的人很多，就看你自己愿不愿意敞开心扉，去接纳别人。世界是一面镜子，你对它笑的时候它就笑，你对它哭的时候它就哭。记住，你的生活是你自己创造的，你未来的幸福把握在你自己的手里！

男人，要敢于承担

我从上高中开始一直都是学生会干部。我的工作能力很强，老师和同学们都说，学校就需要我这样的干部。我每次做学生工作都很高效，不但提前完成任务，甚至比老师的要求做得还好。我们学校的学生会工作常常受到表扬。

到了高三，高考在即，我觉得自己应该专心学习。所以，我向老师提出辞职。老师很为难，但看我坚持，没有办法也就答应了。刚开始我觉得一身轻松，但后来看到接替我的新干部什么都不管，把相关工作处

理得一塌糊涂，我心里又起急了。

我后悔当初的冲动与肤浅，没想好辞什么职呀！现在，每每听到同学们因为学生会的工作大不如前而抱怨时，我的心里很不好受！我不是想当官想得要发疯，我只是想承担起自己应该承担的责任……

超哥酷评

CHAOGE KUPING

作为一个男人，不要怕承担的责任太多，会影响自己。如果这件事真的能给你很大自信，就继续当下去！

许多人觉得学习和社会工作，就相当于“鱼与熊掌”是不可兼得的。但其实并不一定如此。相反，当干部并不一定影响学习，反过来在当干部的过程中，很可能对其他方面有很好的促进。想干好一件事情，外界原因不是最重要的，最重要的是自己内心的强大！是信心！

你承担起了你觉得自己应该承担的责任以后，会在内心对自己有一个很高的评价，觉得自己是一个真正的男子汉。这种自信就会扩散到你人生的所有方面，包括学习。所以我们为什么经常羡慕一些人，觉得他们怎么学习、体育、社交……都那么优秀，他怎么有时间和精力去发展那么多方面？

实际上，他们只是跟从自己的心，去做自己最想做、也能做得最好的事情，并且在这个过程中建立起自信，然后再让这种自信慢慢延伸到其他方面，渐渐地，他就能够掌控更多事情。在这个时候，“优秀”就真正成为一种习惯了。

相反，如果你为了学习放弃了自己喜欢的岗位，然后一直活在自责与遗憾当中，那么你会一直很看不起自己，觉得自己是自私鬼、胆小鬼、没有主见的人，这种心态同样也会影响你的学习。

所以，你现在要做的就是对自己的情况做出真实的判断。如果你

确实觉得这件事情影响了学习，让你力不从心，那你应该放下，充分相信自己的同学，给他以足够的信任、鼓励和帮助，让他逐渐把这件事做好。但是，如果你从内心觉得自己能胜任这件事，而且从中获得了宝贵的自信，那么，就不要有所顾忌，像一个男人那样，勇敢地去担负起这份责任吧！

超哥语录

优秀是一种习惯，更是人的素质和高尚人格的体现。

在青春期阶段的你，经常需要面对各种各样的选择。我在这里要说的是，拿出你的自信，对自己有一个正确的评估，知道自己最想做什么，最善于做什么，未来的目标是什么，然后面临抉择的时候，坚决果断，做一个敢于承担的男人！

我是“超常发挥”吗

我学习很努力，也逐渐有了一些成效，但是随之而来的一个问题困扰着我。有一次物理考试，我考了个年级第一，但我并不高兴，相反还很害怕。我知道自己是超常发挥了，怕下次不能继续考年级第一，并从那时开始就沉浸在这个害怕中，就不再想我怎么努力的事，第二次考一般就考不好。

我怎么也调整不好自己的心态，自己又很难受，实在没办法了，这种情况下，我就用这句话给自己做一个开脱：我曾经优秀过就得了！但

这也不是一个能解决实际问题的方法啊，我该怎么办?

超哥酷评

CHAOGE KUPING

在青春期阶段，你们经常惧怕失去一些已经得到的东西。“反正我好过，就 OK 了”这是一个心理状态。产生这种心理状态最主要的原因是自己没有方向感，没有目标，不知道最终要达到什么目的。对于青春期的你来说，需要一个可以给自己力量的目标，这个目标不一定多么宏大，但一定可以给你信心和力量。

如果因为这次考试让你痛苦了，你是在让自己过得不舒服，所以完全可以把这件事放下，没有必要天天想着它。但是从问题本质上讲，仅仅是一个逃避的手段，不是解决问题的根本方法。你的根本问题在哪?根源就在于你的不自信!并且在我看来都已经发展到比较自卑的程度了。也就是说，你认为自己考第一只是“偶尔”的，是靠运气的，并不是自己优秀，这种超常发挥以后也没机会了，所以经常用这句话来开脱。

要想真正解决这个问题，你就要勇敢地面对，把自己的自信找回来!你要记住一句话：优秀是一种习惯!依此类推，差劲也是一种习惯；自卑也是一种习惯；自信也是一种习惯。所有事情都应该是有惯性的。所有的习惯都是培养出来的。你既然有过一次“超常”发挥，完全可以让这种优秀成为习惯，没有必要妄自菲薄，因为每一次成功都不是那么简单的。

每一次成功都是你付出努力才获得的。如果你已经优秀过，就让自己的这种优秀，让自己这种气势，习惯性地继续下去就行了。没信心的时候，你就告诉自己：我已经优秀过一次，为什么不能再继续优秀下去呢？回答一定是肯定的。因为，成功永远掌握在那些有理想、有目标、有自信、有智慧的人手中！

考试可不可以不那么恐怖

我平时学习还可以，但一到考试就掉链子，原来会的东西也忘得一干二净。所以每考一次试，我的自信心就遭到一次毁灭性的打击，再加上我最好的朋友总是考第一，这双重的压力对我造成了很大刺激，每次看到他考那么好，我都恨不得找个地洞钻进去，连朋友的安慰听起来都觉得很刺耳。我的朋友学习成绩非常好，但他也讨厌考试。他就觉得整天总是考、考、考，没意思了，这种考试毫无意义，就是机械重复。他痛苦的原因就是，他觉得总要一直重复地做没意义的事，造成他在面对

考试时很抵触、很不舒服。我们两个都感到很苦恼，为什么学校总要凭考试成绩评价我们呢？

超哥酷评
CHAOGE KUPING

考试压力是现在学生中很普遍的一个问题，但是抵触的原因是不同的，你和你的朋友就是两种典型。

其实你们都有压力，但是是两种不同的压力。你朋友的压力在于他要被迫去做自己认为没有意义的事，你的压力是由于不自信，这种不自信使你在面对考试时充满恐惧和焦虑，从而影响了发挥。你们都需要从根源上去解决压力问题。

先说你的朋友，他学习成绩特别好，他抵触考试的唯一原因，就是觉得它不合理，没有意义。但其实，他再怎么为此烦恼，试还是要考。我要告诉他的是：什么时间段就要做什么事情，说白了你是学生，在这个阶段你需要做考试这件事情，那你就认认真真地接受考试这件事情。比如，他可以每次考试都给自己设个标准，答题时要超越前一次，答出更创新、更简练、更个性化的答案，不断去挑战自己的极限，考试就会变得很有意思！

对你来说，你惧怕考试的原因是总考不好，偏偏又有一个学习很好的朋友，觉得每次考试都很丢脸，这给你造成了无形的压力。你说你学习还行，偏偏一考试就掉链子，可能也是由于这个原因。那你为什么不换个角度来想想这个问题呢？你最好的朋友是第一，这不应该是造成你困扰的一个因素，你的朋友正是你身边的资源，你应该坦诚地向他求教，获取朋友的帮助和指导，这将使你的学习不断进步，你的朋友也会很乐意帮你。你要把他当成盟友和竞争对手，而不是压力来源。

你要勇敢地面对考试。你一到考试就发挥失常，这是由于害怕。

这还不单纯属于信心问题，已经产生心理障碍了。你干脆就这样想：反正伸头也是一刀，缩头也是一刀，你怕也得考，不怕也得考，你干吗不坦然地面对呢？

面对考试，要有一颗平常心，分数多少无所谓，只要考出自己的真实水平，就是胜利！这样想，你就会专注在做题上，而不是一心想着最后的结果，忐忑不安。很可能，当你慢慢地能坦然面对这件事情以后，你对考试的恐惧自然而然就消失了，你的成绩也会越来越好。

图书在版编目（CIP）数据

谁的青春没囧事. 解密青春期男生39个困惑 / 张超，刘意著. —北京：中国人口出版社，2014. 8

ISBN 978-7-5101-2593-5

I. ①谁… II. ①张… ②刘… III. ①男性—青春期—健康教育 IV. ①G479

中国版本图书馆CIP数据核字（2014）第122626号

谁的青春没囧事

——解密青春期男生39个困惑

出版发行	中国人口出版社
印　　刷	小森印刷（北京）有限公司
开　　本	710 毫米 ×1000 毫米　1/16
印　　张	8
字　　数	150 千
版　　次	2014 年 8 月第 1 版
印　　次	2016 年 6 月第 3 次印刷
书　　号	ISBN 978-7-5101-2593-5
定　　价	22.80 元
社　　长	陶庆军
网　　址	www. rkcbs. net
电子信箱	rkcbs@ 126. com
总编室电话	（010）83519392
发行部电话	（010）83514662
传　　真	（010）83519401
地　　址	北京市西城区广安门南街 80 号中加大厦
邮　　编	100054